C.H.BECK ■ WISSEN

in der Beck'schen Reihe

W0180541

Der Kirchenvater Hieronymus zeichnete im Jahr 396 ein bewegendes Bild aus jener Epoche, die wir *Völkerwanderung* nennen: „Es sind nun zwanzig und etwas mehr Jahre, daß zwischen Konstantinopel und den Julischen Alpen römisches Blut vergossen wird. Skythien, Thrakien, Makedonien, Thessalien, Dardanien, Dakien, Epirus, Dalmatien sowie alle Teile Pannoniens verwüsten, entvölkern und plündern der Gote, der Sarmate, der Quade und der Alane, die Hunnen, die Vandalen und die Markomannen. Mit wie vielen Ehegattinnen und gottgeweihten Frauen, freigeborenen und adligen Personen haben diese Untiere ihren Spott getrieben! Bischöfe wurden gefangen, Priester und Kleriker der verschiedenen Ränge getötet, Kirchen wurden zerstört, Altäre Christi zu Pferdeställen gemacht und Gebeine der Märtyrer ausgegraben. Überall Trauer, überall Seufzen, und weit und breit ein Bild des Todes." Hieronymus ahnte: „Der römische Erdkreis stürzt." Was aber waren die Ursachen solcher Völkerbewegungen, in deren Verlauf das weströmische Reich tatsächlich unterging? Welchen Gang nahmen die Ereignisse, wer waren die Protagonisten – und welcher Mißbrauch sollte später einmal mit der Geschichte der Völkerwanderung getrieben werden? Vertraut mit den Quellen und in anschaulicher Darstellung behandelt der Verfasser diese und andere Fragen.

Klaus Rosen lehrt als Professor Alte Geschichte an der Universität Bonn und ist Mitglied der Nordrhein-Westfälischen Akademie der Wissenschaften. Die christliche und heidnische Spätantike gehört zu seinen Forschungsschwerpunkten.

Klaus Rosen

DIE
VÖLKERWANDERUNG

Verlag C.H. Beck

Mit 2 Karten

(Umschlaginnenseiten vorn und hinten)
aus F. W. Putzger, Historischer Weltatlas, S. 34 o. und S. 35 u.,
Cornelsen, Berlin, 103. Aufl. 2001

Die Deutsche Bibliothek – CIP-Einheitsaufnahme

Rosen, Klaus:
Die Völkerwanderung / Klaus Rosen. – München : Beck, 2002
  (C.H. Beck Wissen in der Beck'schen Reihe ; 2180)
  ISBN 3 406 47980 4

Originalausgabe
ISBN 3 406 47980 4

Umschlagentwurf von Uwe Göbel, München
Umschlagbild: Reiterfibel aus Xanten, Anfang 7. Jahrhundert.
Bonn, Rheinisches Landesmuseum (Foto: H. Lilienthal)
© Verlag C.H. Beck oHG, München 2002
Gesamtherstellung: Druckerei C.H. Beck, Nördlingen
Printed in Germany

www.beck.de

Inhalt

Den Bonner Kollegen
Hartmut Galsterer
Jörg-Dieter Gauger
Hans Peter Kohns
Wolfgang Will
Gerhard Wirth

Immer war Völkerwanderung,
meistens Gefahr auf den Wegen
Durs Grünbein

I. Adrianopel:
„Der Anfang des Unglücks"

Am Morgen des 9. August 378 n. Chr. verließ der römische
Kaiser Valens mit 30 000 Mann das Feldlager bei Adrianopel.
Troß und Kriegskasse blieben in der gutbefestigten Stadt zurück. Ziel der Römer war die riesige Wagenburg, die ein
westgotisches Heer acht Wegstunden entfernt errichtet hatte.
Seit zwei Jahren suchten Tausende von plündernden Goten
Mösien und Thrakien heim, die römischen Provinzen südlich
der Donau, und nun wollte der Kaiser endlich mit dem Spuk
aufräumen.

Seit 370 hatten Hunnen aus Asien und iranische Alanen den
Ostgoten nördlich des Schwarzen Meeres und den Westgoten
an der unteren Donau zugesetzt und viele vertrieben. Die
Flüchtlinge baten 376 Valens, er möge ihnen neues Siedlungsland auf römischem Boden jenseits der Donau überlassen, und
der Kaiser gab nach, weil er sich von den Neusiedlern Verstärkung für sein Heer erhoffte. Doch rasch geriet die Ansiedlung
außer Kontrolle, da immer neue Scharen über den Fluß drängten. Habgierige römische Offiziere nutzten ihre Not aus, um
sich rücksichtslos zu bereichern. Die Goten wehrten sich und
schlossen sich mit hunnischen und alanischen Splittergruppen
zusammen. Den römischen Generälen lieferten die Eindringlinge mehrere Gefechte, bei denen sich Siege und Niederlagen
die Waage hielten. Auch unfreie Siedler und entlaufene Gefangene stießen zu den Goten, daneben gotische Landsleute, die
in die römische Sklaverei geraten waren. Mit ihrer Ortskennt-
nis bildeten sie eine wertvolle Verstärkung.

Kundschafter hatten Valens gemeldet, daß sich an die
10 000 Krieger in der Wagenburg verschanzten. Drei Römer

auf einen Goten: Die Nachricht verbreitete Zuversicht unter den Marschierenden und half ihnen, die sengende Sonne leichter zu ertragen und mit dem schwierigen Gelände besser fertig zu werden. Noch ahnte keiner, daß vom Ende dieses Tages an eine der blutigsten und folgenreichsten Niederlagen, die Rom in seiner tausendjährigen Geschichte erlitt, mit dem Namen Adrianopel verbunden sein würde, dem heutigen Edirne im Dreiländereck Türkei-Bulgarien-Griechenland.

Am frühen Nachmittag erreichten die Römer die Wagenburg. Dumpfes Kriegsgeheul scholl ihnen entgegen. Ohne Pause gingen Reiter und Fußsoldaten vom Marsch in Gefechtstellung. Der rechte Flügel entfaltete sich, während der linke noch heranrückte. Die Goten, die den eindrucksvollen Aufzug beobachteten, schienen Angst zu bekommen. Eine Kriegergesandtschaft verließ die hölzerne Festung und bat Valens um Frieden. War die Bitte ernst gemeint? Oder wollten die Goten den Angriff nur hinauszögern, bis ihre Reiter, die zusammen mit Hunnen und Alanen noch in Thrakien räuberten, zurückgekehrt waren? Spielte die gotische Führung auf Zeit, um die hungrigen und durstigen Römer vor der Schlacht möglichst lange in der Sonne warten zu lassen? Kurz zuvor hatten die Goten Schwelbrände gelegt, die die Hitze für die römischen Fußsoldaten in ihren schweren Rüstungen erst recht unerträglich machte. Doch Valens war entschlossen, sich nicht übertölpeln zu lassen, und befahl, den Aufmarsch fortzusetzen: Wenn es den Goten ernst gewesen wäre, hätten sie gewiß Unterhändler aus dem Adel statt einfache Krieger gesandt. Da traf in letzter Minute vom obersten Gotenführer Fritigern noch ein Angebot ein: Beide Seiten sollten hochrangige Geiseln stellen, um dann in ernsthafte Verhandlungen einzutreten. Stimmen im rasch einberufenen Kriegsrat drängten Valens, das Angebot anzunehmen, und schlugen vor, der Hofmarschall Equitius, ein Verwandter des Kaisers, solle sich als Geisel zur Verfügung stellen. Aber Equitius weigerte sich. Er fürchtete die unberechenbaren Goten, nachdem er im vergangenen Jahr in ihre Gefangenschaft geraten und nur mit Glück entkommen war. Darauf bot sich Richomer an, ein

Franke, der in römischen Diensten bis zum Gardegeneral aufgestiegen war.

Während Richomer noch auf die Wagenburg zuging, preschten plötzlich auf dem linken Flügel zwei Unterführer mit ihren berittenen Abteilungen vor. Sie wollten den Sieg nicht länger hinauszögern, wurden aber sofort für ihre Voreiligkeit bestraft und zurückgeschlagen. Doch nun ließ sich die Kriegsmaschine nicht mehr aufhalten. Richomer mußte umkehren. Der Beginn der Schlacht hätte für die Römer nicht ungünstiger kommen können. Denn als sie jetzt zum Angriff vorrückten, trafen überraschend die gotischen Reiter mit ihren Verbündeten ein und fielen sofort den rechten Flügel an. Dem linken Flügel gelang es, trotz des Geschoßhagels bis zur Wagenburg vorzudringen. Zum Sturm reichte es nicht mehr, da sich die beiden unvorsichtigen Reiterabteilungen, die die Fußsoldaten beim Angriff hätten decken sollen, nach ihrer Schlappe zu keinem Verband mehr zusammenschließen konnten. Der unablässige Pfeilhagel von der Wagenburg herab riß die ersten Lücken in die dichtgedrängten Reihen der Römer. Darauf hatten die Goten gewartet. Sie stürmten zwischen den Wagen hervor, und im Kampf Mann gegen Mann zeigte sich rasch, wieviel Kraft die Strapazen des Tages das schwerbewaffnete Fußvolk gekostet hatten. Je länger, desto mehr zog das römische Schwert gegen die gotische Streitaxt den kürzeren. Auch verlor die kaiserliche Führung in dem schwierigen Gelände bald die Übersicht. Die Schlachtreihe löste sich in kleine Gefechtsgruppen auf. Während sich die einen noch verzweifelt wehrten, ergriffen andere bereits die Flucht. Selbst die Eliteeinheiten um Valens gaben schließlich die Schlacht verloren und ließen ihren Herrn im Stich.

Der zeitgenössische Historiker Ammianus Marcellinus, dessen „Römischer Geschichte" wir den ausführlichsten und zuverlässigsten Bericht über das Jahr 378 verdanken, gibt ein eindrucksvolles Bild vom Ausgang des Kampfes: „Und so verfolgten die Barbaren, denen die Wut aus den Augen blitzte, die Unsrigen, denen nun das Blut in den Adern gerann. Die einen wurden unversehens durchbohrt und fielen, nicht wenige wurden durch das bloße Gewicht der Nachdrängenden niedergewalzt, einige wurden sogar durch den Hieb der eigenen Leute getötet, wenn sie, was oft vorkam, denen, die sich noch widersetzten, nicht Platz machten oder man diejenigen, die wichen, nicht schone. Darüber hinaus versperrten viele Sterbende, die ihre qualvollen Wunden nicht mehr ertragen konnten, die Wege, wozu noch Berge von Pferden kamen, die niedergestoßen wurden und deren Kadaver die Felder bedeckten. Über all dieses Elend, das sich keiner ausmalen kann und das den römischen Staat teuer zu stehen kam, senkte sich schließlich eine Nacht ohne Mondenschein" (31,13,10–11).

Zwei Drittel der römischen Armee, darunter viele Offiziere, blieben auf dem Schlachtfeld. Die Waffen der Toten wurden zur begehrten Beute der Goten und zur künftigen Gefahr für die Römer. Unter den Gefallenen befand sich auch der Kaiser. Von einem Pfeil getroffen, soll er tot vom Pferd gesunken sein. Seine Leiche wurde jedoch nie gefunden. Das gab zu allerhand Gerüchten Anlaß. Ein überlebender Leibwächter erzählte später, er und einige Kameraden hätten sich mit dem verwundeten Kaiser und mehreren Hofeunuchen in ein nahegelegenes Bauernhaus geflüchtet. Goten umstellten das Haus, ohne zu wissen, wer sich im Innern befand. Als sie beim Versuch, die Haustür aufzubrechen, von einem Balkon aus beschossen wurden, legten sie Feuer. Dem Erzähler gelang es, sich durch einen Sprung aus dem Fenster zu retten, alle anderen kamen in den Flammen um. Die Goten hätten sich sehr geärgert, als sie ihn fingen und von ihm erfuhren, daß unter den Eingeschlossenen der Kaiser war und sie ihre schönste Trophäe selbst verbrannt hatten.

„Größter Germanensieger, größter Alamannensieger, größter Frankensieger, größter Gotensieger" hatte sich Valens nach dem Vorbild früherer Herrscher in seiner Kaisertitulatur genannt. Als „Sieger und Triumphator" auf dem ganzen Erdkreis und immerwährender Augustus war er von seinen Untertanen gefeiert worden, auch das nach alter Tradition, die im Kaiser die Verkörperung des römischen Staates sah, eines Staates, dem die Weltherrschaft gebührte und dem an Macht kein anderer Staat auf Erden gleichkam. Dieser Kaiser war von Barbaren getötet worden, die kurz zuvor noch vor den Hunnen davongelaufen waren. Es war ein Schock, der das Römische Reich nicht weniger heftig als die Verlustzahlen traf. Man mußte über ein Jahrhundert zurückgehen, bis man auf ein ähnliches Verhängnis stieß: 251 waren zwei Kaiser, Decius und sein gleichnamiger Sohn, ebenfalls gegen die Goten, auf dem Schlachtfeld geblieben, und 260 war Valerian dem Perserkönig in die Hände geraten und elend in der Gefangenschaft umgekommen. Damals hatte das Römische Reich seine schwerste Krise erlebt. Sollte Valens' Tod ähnliche Folgen haben?

Militärs und Zivilisten, Redner und Historiker, heidnische Dichter und christliche Bischöfe beteiligten sich in den folgenden Jahren an der Suche nach der Schuld und nach den Schuldigen. Lag der Fehler bei den Offizieren, die ihre Soldaten nicht genügend gedrillt hatten? Oder ließen die Soldaten die Tapferkeit vermissen, die Rom einst groß gemacht hatte? Aus der Armee kam heftiger Protest: Den Vorwurf, in alten Zeiten sei alles besser gewesen, habe man schon in eben jenen alten Zeiten gehört, in denen angeblich alles besser war. Adrianopel sei die Rache des Himmels, des Götterhimmels nämlich, meinten die Heiden und blickten verbittert auf die Christen, die zum Unglück aller versucht hätten, die Götter aus ihrem Himmel zu vertreiben. Die Christen drehten den Spieß um: Gott habe die Römer für ihre Sünden bestraft und vor allem dafür, daß sich immer noch nicht alle Reichsbewohner zum wahren Glauben bekannten. Für Katholiken war klar: Der Arianer Valens mußte büßen, weil er nicht an Christi Wesenseinheit mit Gottvater glaubte, die das Konzil von Nicaea 325 unwiderruflich festgestellt habe; der Flammentod sei die rechte Todesart für einen Ketzerkaiser gewesen.

Mochten die Klugredner ihre moralischen und religiösen Vorwürfe noch so laut vorbringen, zur Aufklärung trugen sie wenig bei. Handfestere Argumente waren gefordert: Hatte sich nicht schon lange Wehrmüdigkeit unter den Römern breit gemacht, und wurden nicht diejenigen, die ihre bedenklichen

Folgen anprangerten, durch Adrianopel grausam bestätigt? Konnte man das römische Heer, das dort unter kaiserlichen Fahnen kämpfte, noch ein römisches Heer nennen? Bestand es nicht, vom einfachen Soldaten bis in die Spitzen des Offizierskorps, zu einem Gutteil aus Reichsfremden, vornehmlich aus Germanen? Der Verdacht sei nicht von der Hand zu weisen, daß es solchen Söldnern nur um Geld gegangen sei und sie sich gegen ihre germanischen Stammesgenossen auf der anderen Seite nicht mit ganzer Kraft eingesetzt hätten. Gegenstimmen wiesen solche Anschuldigungen zurück: Der Tod habe zwischen Römern und Germanen keinen Unterschied gemacht, und viele Germanen seien längst Römer geworden und trügen römische Namen, um ihre Anhänglichkeit an Rom zu zeigen oder weil bereits ihre Väter und Großväter in römische Dienste getreten seien. Schließlich habe es offenkundige strategische Fehler gegeben – und nun packten die Überlebenden aus: Grob verschätzt hätten sich die Kundschafter, die mit 10 000 Mann eine zu geringe Zahl für die Besatzung der Wagenburg nannten. An die Gefahr, daß die plündernden gotischen Reiter unvermutet zurückkehren könnten, habe man ebenfalls nicht gedacht.

Die Fehlleistungen der Spione zugegeben – für den nüchternen Beobachter hieß der wahre Versager Valens: Gratian, sein Neffe und Mitkaiser im Westen des Reiches, hatte sich Anfang Juni von Trier aus mit einem großen Aufgebot auf den Weg gemacht, um dem bedrohten Osten zu Hilfe zu kommen. Sein Eilbote Richomer hatte die baldige Ankunft noch wenige Tage vor der Schlacht in Adrianopel gemeldet und dringend gebeten, Valens möge sich nicht vorschnell in den Kampf stürzen. Aber der Ältere wollte nicht warten, um den Sieg nicht mit dem Jüngeren teilen zu müssen, der sich in den letzten Monaten durch Erfolge gegen die Alamannen einen Namen gemacht hatte. Von Valens' Ungeduld wußten auch die beiden Reiterführer, die zu früh losschlugen und alle Verhandlungen mit Fritigern unterliefen. Die kurze Zeit bis zu Gratians Eintreffen hätte der Kaiser einfach im Lager bleiben und auf diejenigen Generäle hören sollen, die in den vorangegangenen zwei Jahren ihre leidvollen Erfahrungen mit der Kampfkraft der Goten gemacht hatten. Doch hastig aufzubrechen, seinen Soldaten in voller Rüstung einen schwierigen achtstündigen Marsch unter glühender Sonne zuzumuten und sie anschließend sofort gegen einen ausgeruhten, unberechenbaren Gegner antreten zu lassen, das hieß die Ostarmee leichtsinnig aufs Spiel setzen. Nach 15 Jahren traf das Reich zum zweiten Mal eine Katastrophe, die ein Kaiser verschuldete: 363 hatte Julian gegen Persien mit der bedächtigen Verteidigungspolitik seines Vorgängers Constantius II. gebrochen und war mit einem großen Heer in das Zweistromland eingefallen. Auch er war gescheitert und hatte seine unüberlegte Strategie mit dem Leben bezahlt.

Der Geschichtsschreiber Ammianus Marcellinus, der selbst jahrelang im Stab eines Heermeisters gedient und in Gallien und Persien wie kein zweiter römischer Historiker militärische Erfahrung gesammelt hatte, machte Adrianopel zum Höhepunkt seiner Darstellung im 31. und letzten Buch seiner „Römischen Geschichte". Er hatte das Schlachtfeld besucht und überlebende Augenzeugen sachkundig befragt, bevor er sich an die Niederschrift machte. Er gab sich nicht als nachträglicher Besserwisser. Aber dem oft verhaltenen Lob oder Tadel seiner Darstellung merkt man an, daß er seinen Lesern – hohe Beamte und Offiziere unter ihnen – Einsichten in die Versäumnisse vermitteln wollte, die die römische Gotenpolitik nicht nur 378, sondern schon in den Jahren zuvor gemacht hatte. Da der Historiker das 31. Buch um 395 schrieb, überblickte er auch die Folgen von Adrianopel: In den Jahren nach der Niederlage mußte das Reich nicht nur mit den Goten in seinem Innern leben, sondern an Rhein und Donau, den Grenzen zu den Germanen, braute sich neues Unheil zusammen. Ammian war überzeugt, daß man aus der Geschichte lernen könne, wenn man nur lernen wolle. Wer daher die römisch-gotischen Beziehungen unter Valens unvoreingenommen betrachtete und hinzunahm, wie frühere Kaiser ähnliche Schwierigkeiten bewältigt hatten, der konnte aus seinem Geschichtswerk leicht Regeln für eine erfolgreiche künftige

Politik gewinnen: Die Grenzen zu sichern, mußte oberstes Ziel sein. Darin war sich Ammian mit allen Römern einig. Das schloß nicht aus, wie in früheren Zeiten überschaubare fremde Gruppen auf Reichsboden anzusiedeln. Aber ihre Aufnahme war von tüchtigen und unbestechlichen Offizieren zu überwachen, die nicht in die eigene Tasche wirtschafteten. Wo nötig, mußten eingedrungene Plünderer zurückgeschlagen werden, bevor sie sich zu gefährlichen größeren Heeren zusammenrotten konnten. Städte durften ihre Befestigungsanlagen nicht vernachlässigen, vor denen Germanen bisher stets kapituliert hatten. Um Angriffen zuvorzukommen, sollten Feldzüge jenseits der Grenze geführt werden. Hier waren die Kaiser persönlich gefordert, deren beste Vorgänger sich dieser Aufgabe nie entzogen hatten. Für die Sicherheit des Gesamtreiches hing viel davon ab, daß der Kaiser des Ostteiles und der Kaiser des Westteiles vertrauensvoll zusammenarbeiteten und ihre Heere, falls erforderlich, rasch vereinigten. So lauteten die Lehren, die Ammians Darstellung im 31. Buch bot. Der Historiker war überzeugt: würden sie befolgt, so brauchte man sich um die Zukunft der Römer keine Sorgen zu machen. Mit ihrem Reich werde es wieder aufwärts gehen, denn das Rad der Glücksgöttin drehe sich nun einmal um und um. Auf die doppelte Wortbedeutung anspielend beschwor Ammian die *victura Roma*, „das Rom, das siegen werde" und „das Rom, das leben werde".

Nicht alle teilten den verhaltenen Optimismus Ammians. Eine biblische Prophezeiung habe sich bei Adrianopel erfüllt, belehrte Bischof Ambrosius von Mailand Kaiser Gratian, als er ihm zwei Jahre nach der Schlacht sein Buch „Über den Glauben" widmete. Im Alten Testament habe der Prophet Ezechiel vorausgesagt, daß einst Gog mit einem großen Heer kommen werde. Mit Gog aber sei niemand anders gemeint als die Goten (2,137–138). Als Ambrosius um 390 seinen Kommentar zum Lukasevangelium verfaßte und auf die Verwüstungen zurückblickte, die Goten, Alanen und Hunnen inzwischen im Römischen Reich angerichtet hatten, ging er noch weiter und stellte schonungslos fest: „Das Ende der Welt hat uns erreicht ...", wir befinden uns in der Endzeit, und gewisse Krankheiten der Welt machen den Anfang" (10,10). Das Ende der Tage, das Jesus im Neuen Testament prophezeit und das die ersten Christen noch zu ihren Lebzeiten erwartet hatten, schien gekommen zu sein. Die „Krankheit", die den Anfang machte, war der Vorstoß der Hunnen. Ambrosius war sich mit Ammian einig, daß die Hunnen das erste Glied der Unglückskette bildeten: „Von wievielen Kämpfen und von wievielen Nachrichten über Kämpfe haben wir gehört! Die Hunnen gingen gegen die Alanen vor, die Alanen gegen die Goten, die Goten gegen die Taifalen, und die Auswanderung der Goten hat in Illyrien auch uns zu Auswanderern aus unserer Heimat gemacht" (10,10). Ambrosius' Blick in die Zukunft zerstörte alle Illusionen: „Und noch gibt es kein Ende". Hier sprach nicht nur der Bischof, der die Apokalypse gelesen hatte, sondern auch der Politiker: Bevor Ambrosius den Bischofsstuhl von Mailand bestieg, war er Statthalter der italischen Provinz Aemilia-Liguria und residierte in seiner späteren Bischofsstadt, wo sich auch der Kaiserhof befand.

Ambrosius' Zeitgenosse Hieronymus beschrieb 396 in einem Brief die Lage so: „Es sind nun zwanzig und etwas mehr Jahre, daß zwischen Konstantinopel und den Julischen Alpen römisches Blut vergossen wird. Skythien, Thrakien, Makedonien, Thessalien, Dardanien, Dakien, Epirus, Dalmatien sowie alle Teile Pannoniens verwüsten, entvölkern und plündern der Gote, der Sarmate, der Quade und der Alane, die Hunnen, die Vandalen und die Markomannen. Mit wie vielen Ehegattinnen und gottgeweihten Frauen, freigeborenen und adligen Personen haben diese Untiere ihren Spott getrieben! Bischöfe wurden gefangen, Priester und Kleriker der verschiedenen Ränge getötet, Kirchen wurden zerstört, Altäre Christi zu Pferdeställen gemacht und Gebeine der Märtyrer ausgegraben. Überall Trauer, überall Seufzen, und weit und breit ein Bild des Todes" (60,16). Hieronymus' Fazit war dasselbe wie das des Ambrosius: „Der römische Erdkreis stürzt". Seine „Chronik", die er mit Abrahams Geburtsjahr begann, beendete er mit dem Jahr 378, „weil", wie er im Vorwort erläuterte, „jetzt auf unserer Erde, wo die Barbaren ihr wüstes Spiel treiben, alles unsicher ist". Als Hieronymus' Glaubensgenosse Rufinus von Aquileia um 400 seine „Kirchengeschichte" schrieb, urteilte er über Adrianopel: „Diese Schlacht war der Anfang des Unglücks für das römische Reich – damals und in der Folgezeit" (11,13).

Gegen solche Töne bei Christen und Heiden schrieb der altgediente Soldat Ammian an und nannte die Heilmittel, um die Krankheit zu bekämpfen, von der Ambrosius gesprochen hatte. Auch er war sich bewußt, daß das Reich in einer großen Gefahr schwebte und die Goten nur die Vorhut neuer Scharen waren. Als er zum Jahr 376 gelegentlich über die Gotengeschichte hinausblickte, bemerkte er: „Während dies in den Außenregionen geschah, verbreiteten sich schreckliche Nachrichten von Völkern im Norden, die neue Bewegungen in Gang gesetzt hatten, welche größer als gewöhnlich waren: In das gesamte Gebiet, das sich von den Markomannen und Quaden bis zum Schwarzen Meer erstreckt, ergieße sich eine Masse von Barbaren unbekannter Herkunft, die von ihren Wohnsitzen durch plötzliche Gewalt vertrieben worden seien und zusammen mit ihren Angehörigen die Donau entlang hin- und herstreiften. Unsere Leute nahmen das zunächst aus dem Grund auf die leichte Schulter, weil sie gewohnt waren, aus jenen fernen Gegenden von Kriegen nur zu hören, wenn sie schon wieder beendet oder eingeschlafen waren. Doch dann kamen immer zuverlässigere Nachrichten von den Ereignissen, deren Bestätigung die Ankunft von Stammesgesandten lieferte, die flehentlich und beschwörend darum baten, daß ihr heimatlos gewordenes Volk diesseits des Flusses Aufnahme finde …" (31,4,2–4).

Wie Ammian andeutet, waren die Gebiete jenseits der Donau schon immer ein Unruheherd gewesen, und Auseinandersetzungen mit ihren Bewohnern oder auch mit entfernteren Stämmen hatten zum Alltag der römischen Politik gehört. An der Rheingrenze war es nicht anders. Der Historiker hatte davon zur Genüge in seinem Geschichtswerk berichtet. In dessen erhaltenem Teil, der mit dem 14. Buch und dem Jahr 353 einsetzt, hören wir von Alamannen, Burgundern, Chamaven und Franken am Rhein, von Quaden, Sarmaten und Taifalen an der Donau, bevor im letzten Buch die Goten zum beherrschenden Thema werden. Doch ihr Treiben auf römischem Boden übertraf in Ammians Augen alles, was er bisher von den Germanen zu berichten hatte, und mit der düsteren Szenerie, die er entwarf, stach er jeden Kirchenvater aus:

„Sie verübten alle Schandtaten zugleich: Raub und Mord, Blutvergießen und Brand sowie die Vergewaltigung freier Menschen. Damals konnte man die grausamsten Dinge erleben, die man nur mit Seufzen betrachten und berichten kann: Frauen, starr vor Schreck, die mit knallenden Peitschenhieben weggetrieben wurden, darunter auch Schwangere mit Ungeborenen, die, noch bevor sie das Licht erblickten, viel Böses ertragen mußten; daneben kleine Kinder, die sich an ihre Mütter klammerten; das Jammern von adligen Knaben und Mädchen war zu vernehmen, die mit gefesselten Händen eine harte Gefangenschaft erwartete. Weiter wurden heranwachsende Jungfrauen und züchtige Ehefrauen mit gesenktem Kopf abgeführt, die ihr äußerstes Elend beweinten und sich lieber einen wenn auch noch so schrecklichen Tod herbeiwünschten, als demnächst ihre Ehre zu verlieren. Dazwischen ein Bürger, der eben noch reich und frei war, und sich nun über dich, Fortuna, du Unbarmherzige und Blinde, beklagte, die du ihn einem blutrünstigen Sieger überließest, nachdem er in einem kurzen Augenblick seines Vermögens und seiner lieben Angehörigen beraubt und aus seinem Haus verjagt wurde, das er in Schutt und Asche versinken sah, um dann Glied um Glied zerfleischt oder unter Schlägen und Folterqualen versklavt zu werden" (31,8,6–8).

Trotzdem hatte Ammian eine Quelle, die ihm Zuversicht gab: die römische Geschichte. Wer in Roms Vergangenheit zurückschaute, für den sah die Zukunft nicht so schwarz aus, wie die Christen sie malten. Fast scheint es, als habe der Historiker insbesondere die Kirchenväter, die dem Reich die Totenglocke läuteten, im Visier gehabt, als er nach den ersten Schlägen, die die Römer 376 einstecken mußten, sachlich feststellte: „Nur diejenigen, die von der Vergangenheit keine Ahnung haben, behaupten, noch nie habe sich ein solch katastrophales Dunkel über den Staat gebreitet; aber sie täuschen sich, weil sie starr vor Schreck allein auf die jüngsten Unglücksfälle fixiert sind" (31,5,11). Dann geht er in einem Exkurs auf die Geschichte der römisch-germanischen Kriege ein, angefangen mit den Kimbern und Teutonen, die im Jahrzwölft 113–101 v. Chr. dafür sorgten, daß die Germanen in Rom zum Schreckgespenst wurden. Wie ein roter Faden durchzieht den Rückblick der Gedanke, daß es die moralischen Eigenschaften der Römer waren, die ihnen die Überlegenheit über die Germanen gaben und das Reich retteten. Noch zu Marc Aurels Zeiten im 2. Jahrhundert habe weder üppiges Essen noch schnöde Gewinnsucht die Menschen verdorben, sondern Hoch und Niedrig hätten vereint den ruhmvollen Tod für das Vaterland gesucht (31,5,12–14). Die Mahnung des Historikers war unüberhörbar: Verbinde sich ein solches Ethos mit den politischen und militärischen Lehren, die die jüngsten Ereignisse lieferten, so werde sich das Reich auf alle Zeiten gegen die Germanen behaupten. Es war die idealistische Sicht dessen, der in der Geschichte die Lehrmeisterin des Volkes sah und, um ihre Autorität nicht zu schwächen, für einen Augenblick alle historische Kritik vergaß.

Waren die Kirchenväter nicht doch die größeren Realisten? Hatten sie nicht recht, wenn sie vom Ende der Welt sprachen? Denn zweihundert Jahre später, nachdem die mit 378 beginnende Epoche zu Ende ging, gab es die Welt, in der sie und Ammian, Christen und Heiden gelebt hatten, tatsächlich nicht mehr. Doch zunächst wußte noch niemand, wie groß die Lawine werden würde, deren Losbrechen man erlebt hatte, welche Bahn sie nehmen, welche Zerstörungen sie anrichten und wie das römische Reich nach ihrem Stillstand aussehen werde.

Die unterschiedlichen Meinungen über die Zukunft des Reiches, der vorsichtige Optimismus Ammians und der düstere Ausblick des Hieronymus und Ambrosius setzten sich im 5. Jahrhundert fort, wobei im großen und ganzen die Trennlinie zwischen Heiden und Christen weiterbestand. Die Heiden wollten sich ihren Glauben an das ewige Rom nicht nehmen lassen. Christen aber gaben ihren Pessimismus, mit dem sie den Gang der irdischen Dinge betrachteten, erst auf, als sie sahen, daß die alte römische Welt zerfiel, ohne daß die Weltgeschichte gleich mitverging. Noch sehr viel länger dauerte es, bis Historiker genügend Abstand hatten, um die Einheit der Epoche zu erkennen, die mit der Ankunft der Goten im Römischen Reich begann, die dann vom Eindringen weiterer germanischer Stämme geprägt wurde und die endete, als die Germanen der Westhälfte des Reiches eine neue Gestalt gegeben hatten. Diese Entwicklung von etwa 200 Jahren fassen wir heute im Deutschen als „Völkerwanderung" zusammen.

II. Die Völkerwanderung:
Ein historischer Rückblick aus dem Mittelalter

Der erste, der die Züge germanischer Stämme in das Römische Reich als eigenständige historische Epoche betrachtete, ohne ihr schon einen bestimmten Namen zu geben, war der langobardische Mönch Paulus Diaconus. Als er um das Jahr 795 n. Chr. im süditalischen Kloster Monte Cassino die Geschichte seines Volkes schrieb, begann er mit einem kurzen Abriß der Vorzeit, an deren Ende sich die Langobarden 568 in Italien als letzter germanischer Stamm niedergelassen hatten. Noch heute nimmt man dieses Jahr gerne als Endpunkt der Völkerwanderung. Nach guter historischer Tradition machte sich Paulus zunächst Gedanken über die Gründe der Wanderungen und faßte dann knapp ihren Verlauf und die Folgen zusammen. Den Ursprung sieht er im kalten Klima des Nordens, das gesünder ist als das Klima im warmen, von Krankheiten geplagten Süden. Der Norden bringt daher mehr Menschen hervor, und davon hat er auch seinen Namen Germanien. Paulus folgt der gelehrten, aber unhistorischen Deutung des Isidor von Sevilla aus dem 7. Jahrhundert. Isidor leitete in seinem „Etymologischen Lexikon" Germanien vom lateinischen *germen* = Sproß und *germinare* = sprossen ab, deren Wortwurzel auch in *germanus* = Bruder stecke (9,2,97). Der Bevölkerungsreichtum Germaniens, fährt Paulus fort, habe schon immer dazu geführt, daß sich die südlichen Länder von dort mit Sklaven versorgten. Als aber der Norden die wachsende Zahl seiner Bewohner nicht mehr ernähren konnte, verließen viele Stämme ihre Heimat. Ein kleiner Teil von ihnen wandte sich nach Asien, der größere nach dem benachbarten Europa. So weit die Gründe für die Germanenzüge, die Europa „heimgesucht haben". Paulus' Wortwahl verrät eine kritische Sicht der Völkerwanderung. Für sein Urteil beruft er sich auf die noch zu seiner Zeit sichtbaren Folgen: Überall bezeugen zerstörte Städte die Heimsuchung, „im ganzen Illyricum und in Gallien, besonders aber im bedauernswerten Italien, das die Wildheit fast aller jener Stämme erfahren hat. Denn die Goten und Vandalen, die Rugier, Heruler und Turkilingen, dazu noch andere unbändige und barbarische Völker gingen aus Germanien hervor". Paulus folgt der uralten Auffassung, daß die Stämme schon zu der Zeit, als sie ihre Heimat verließen, geschlossene Einheiten bildeten. Dafür stand ihr Name als Eigen- wie als Fremdbezeichnung, zwischen denen Paulus genauso wenig unterschied wie die meisten früheren Historiker. Stämme waren in der Regel Abstammungsgemeinschaften, die sich von ihren Stammvätern ausgehend entfaltet hatten. Die Wanderung nach Süden, mit der die germanischen Stämme der Überbevölkerung begegneten, war nur ein weiterer Schritt dieser Entfaltung. Sie führte zwangsläufig zu Zusammenstößen, da die Landsuchenden nicht auf menschenleeres Gebiet stießen. Zu Recht lenkt der Verfasser den Blick auf die Städte im Westen des römischen Reiches, denen die Germanen dauerhaften Schaden zufügten. Denn auf den Städten ruhte das politische, wirtschaftliche und soziale Leben des Imperium Romanum. Zugleich macht Paulus den entscheidenden Unterschied im Kulturgefälle zwischen Rom und Germanien deutlich: Die germanische Welt der Bauern, Hirten und Jäger kannte keine Städte. Schließlich deutet der Historiker mit dem Blick auf die Städte den chronologischen Rahmen der Völkerwanderung an. Zusammenstöße zwischen Römern und Germanen gab es schon mehrere Jahrhunderte zuvor. Doch erst gegen Ende des 4. und dann im 5. und 6. Jahrhundert waren germanische Stämme so stark geworden, daß ihr Angriff auf die römischen Städte den Lebensnerv des Römischen Reiches traf.

Mit dieser Sicht der Völkerwanderung stimmt Paulus in den Chor derer ein, die von den Germanen damals heimgesucht wurden und für die die Eindringlinge aus dem Norden kulturlose, brutale Barbaren waren, die nur Beute machen wollten und dabei alles zerstörten. Aber es gibt eine zweite Sicht, die sich erst im Laufe der Völkerwanderung entwickelte: Aus den Trümmern des alten Reiches im Westen entstand eine neue römisch-germanische Welt. Diese Entwicklung verbindet sich für Paulus mit den Langobarden, seinem eigenen Stamm, zu dem er nun übergeht. Auch die Langobarden waren ein Glied der germanischen Völkerfamilie. Aber dieser Stamm „hat später in Italien glücklich geherrscht". Paulus übergeht, daß andere Stämme auf römischem Boden ebenfalls eigene Herrschaften errichteten: vor den Langobarden die Ostgoten in Italien, die Westgoten in Spanien, die Vandalen im römischen Africa und die Franken in Gallien, um nur die wichtigsten zu nennen. In einem Geschichtswerk über seine Langobarden darf man Paulus das Schweigen nicht zum Vorwurf machen. Er übergeht allerdings auch, daß er zu einer Zeit schreibt, da die Langobarden ihre Herrschaft verloren haben. Der Frankenkönig Karl der Große hatte ihr ein Ende gemacht, als er sich 774 zum König der Langobarden krönte. Karls Vorgänger hatten schon 534 die Herrschaft der Burgunder und 536 die der Alamannen beendet, und 711 war die Herrschaft der Westgoten in Spanien an die Araber gefallen. Die Langobarden, die Spätlinge der Völkerwanderung, waren also auch die letzten, die den Franken unterlagen. Das Jahr 774 zog in gewisser Weise den Schlußstrich unter die Völkerwanderung. „König der Franken und der Langobarden", *rex Francorum et Langobardorum*, lautete von jetzt an Karls Titel, der zugleich besagte, daß seine Franken unter den Erben der Völkerwanderung nunmehr an erster Stelle standen. Das Frankenreich zog damals endgültig mit dem oströmischen Reich gleich, das zuvor schon die Völkerwanderung besser bewältigt hatte als der Westen.

III. Warum es immer wieder Völkerwanderungen gab: Ein ethnologischer Traktat aus der Antike

Im Jahre 41 n. Chr. verbannte der römische Kaiser Claudius den Philosophen Seneca aus Rom nach Korsika, weil er angeblich ein Verhältnis mit der Kaiserschwester Julia Livilla gehabt hatte. Auf der Insel angekommen schrieb der Verbannte für seine Mutter Helvia ein Trostbüchlein, in dem er sich unter anderem Gedanken über die Unbeständigkeit im Leben des Einzelnen wie im Leben der Völker machte. „Du wirst sehen", kündigte er der Empfängerin an, „daß ganze Stämme und Völker ihren Wohnsitz verlassen haben". Mit zahlreichen Beispielen aus der griechischen und nichtgriechischen Geschichte belegt er den Satz und beschließt ihn mit einem Fall aus der römischen Geschichte, der Spanien, die Heimat von Mutter und Sohn, betraf: Die Kimbern ließen sich 105 v. Chr. nicht von den Pyrenäen abschrecken und zogen von Gallien aus über das Gebirge auf die Iberische Halbinsel. Die bekannte Fortsetzung der Geschichte, die Rückkehr des Stammes und seine Vernichtung 101 v. Chr. bei Vercellae in Oberitalien, erspart sich Seneca und zeichnet statt dessen ein allgemeines Bild solcher Wanderzüge. Er denkt dabei weniger an die zuvor genannten nichtrömischen Beispiele als an die Kimbern und an andere Germanenstämme. In seine Jugend fielen nämlich die Germanenkämpfe unter Kaiser Tiberius und die Konsolidierung der Rhein- und Donaugrenze, die er gewiß aufmerksam verfolgt hatte. Zudem erinnerte er sich an zahlreiche mündliche und schriftliche Nachrichten aus Germanien. Mit Ethnologie hatte sich der Philosoph schon früher beschäftigt. Seinen Studien entsprangen ein Buch über Ägypten, wo er in seiner Jugend einige Zeit verbracht hatte, sowie eine Schrift über Indien. Beide Werke sind verloren, so daß wir nicht sagen können, wieweit sie die folgenden Ausführungen über Wanderungen beeinflußt haben. Die Historiker, die sich mit Migrationen beschäftigen, haben Senecas Traktat, der an so abgelegener Stelle erscheint, meistens übersehen. Daher hier die Übersetzung:

„Leichtentschlossen zogen die Menschen durch unwegsames, unbekanntes Gelände. Ihre Kinder und Frauen und ihre vom Alter gebeugten Eltern nahmen sie mit. Manche wählten sich, nachdem sie lange umhergeirrt waren, nicht nach reiflicher Überlegung einen Platz, sondern erschöpft besetzten sie den nächstliegenden; andere verschafften sich auf fremder Erde mit Waffengewalt ihr Recht. Einige Stämme verschlang auf dem Marsch ins Ungewisse das Meer, und es gab welche, die ließen sich, weil sie überhaupt nichts mehr hatten, dort nieder, wo sie gerade waren. Auch hatten nicht alle denselben Grund, ihre alte Heimat zu verlassen und eine neue zu suchen. Die einen, die den Waffen der Feinde entkommen und des eigenen Landes beraubt waren, trieb die Zerstörung ihrer Wohnstätten in fremde Länder; andere verdrängte der innenpolitische Streit; dritte zwang das übermäßige Bevölkerungswachstum weg, damit die vorhandenen Ressourcen entlastet wurden; wieder andere verjagte die Pest oder häufige Erdbeben oder irgendwelche unerträglichen Mißstände des armseligen Bodens; manche lockte die Kunde von einem fruchtbaren und hochgepriesenen Landstrich fort. Den einen führte dieser, den anderen jener Grund aus seiner Heimat. Eines jedenfalls ist offenkundig: Ein Verbleiben am Ort der Geburt gab es nicht. Dauernder Wechsel gehört eben zum Menschengeschlecht. Täglich verändert sich etwas auf dem grossen Erdenrund: Fundamente neuer Städte werden gelegt, neue Völkernamen kommen auf, nachdem die alten ausgelöscht oder in einem größeren Volk aufgegangen sind" (7,3–5).

Hier brach der Philosoph ab und schlug den Bogen zu seinem übergeordneten Thema mit der rhetorischen Frage:

„Doch alle diese Völkerverschiebungen – was sind sie anderes als öffentliche Verbannungen?". Seneca begnügte sich nicht damit, solche Verschiebungen nur zu beschreiben. Er wollte die Gründe wissen, warum sich Stämme immer wieder auf den Weg machten. Den Kampf um gutes Land nennt er an erster Stelle; er war der häufigste Anlaß. Stärkere Stämme überfielen schwächere, um sich „auf fremder Erde mit Waffengewalt ihr Recht zu verschaffen". Seneca kannte Thukydides, der seinem Werk über den Peloponnesischen Krieg einen Abriß über die Frühgeschichte Griechenlands voranstellte und ihn mit der Feststellung eröffnete: „Es gab früher viele Ortsveränderungen, und unschwer verließen alle ihre Heimat, wenn sie von anderen, die an Zahl überlegen waren, dazu gezwungen wurden" (1,2,1). Beispiele aus Germanien hatte Caesar in seinem „Gallischen Krieg" genannt. So überquerten Usipeter und Tencterer 55 v. Chr. den Niederrhein, „weil sie von den Sueben mehrere Jahre lang mit Krieg überzogen und am Bestellen des Ackerlandes gehindert worden waren" (4,1,2). Auch die Ubier beschwerten sich damals bei Caesar „über die Untaten der Sueben und erbaten von ihm Hilfe" (4,8,3). Solche Kämpfe um Land waren unter den Stämmen jenseits von Rhein und Donau ein Dauerzustand, und wir erfahren nur von den jüngsten, weil sie sich zum ersten Mal in römischen Quellen niedergeschlagen haben. Warum aber stärkere Stämme wie die Sueben schwächere verdrängten, dafür war der eine oder andere der weiteren Gründe verantwortlich, die Seneca aufzählt: Bevölkerungswachstum führte unter einfachen wirtschaftlichen Verhältnissen leicht dazu, daß Jagd, Viehzucht und Landwirtschaft die Menschen nicht mehr ernähren konnten, so daß Auswanderung ein naheliegender Ausweg war. Paulus Diaconus griff die Erklärung später auf. Seneca deutet mit der „Entlastung der Ressourcen" an, daß nicht immer der ganze Stamm wegzog, sondern nur ein Teil, der so den Zurückbleibenden das Weiterleben in der Heimat ermöglichte. Auch bei den anschließend erwähnten Gründen, den Naturkatastrophen, den Krankheiten und vor allem bei der Erschöpfung „des armseligen Bodens" dürfte häufig ein

Teil der Bewohner der Heimat die Treue gehalten haben. Wir haben Hinweise, daß manche germanischen Stämme die Institution des „Heiligen Frühlings", des *ver sacrum*, kannten, der von altitalischen Völkerschaften überliefert wird: In Notzeiten wanderte die Jungmannschaft aus und suchte sich eine neue Heimat. Für den politischen Grund, daß bei inneren Auseinandersetzungen die unterlegene Partei freiwillig oder gezwungen wegging, boten die Bataver ein Beispiel, die laut Tacitus' „Germania" ein „Aufstand im Innern" in ihre späteren Wohnsitze am Niederrhein führte (29,1). Seneca mochte auch an die vielen Fälle denken, wo Rom in Stammeswirren eingriff oder um Vermittlung gebeten wurde. Seine Bemerkung, ganze Stämme seien unterwegs vom Meer verschlungen worden, war eine Erinnerung an die verbreitete Auffassung, Springfluten hätten die Kimbern und Teutonen gezwungen, ihre jütländische Heimat aufzugeben. Schließlich kommt Seneca darauf zu sprechen, daß wirtschaftliches und kulturelles Gefälle ein Grund war, der Bewohner benachteiligter Gebiete fortführte. In den Augen derer, die sich vor ihnen schützten, waren die begehrlichen Fremden nichts anderes als Räuber. Der Historiker und Ethnograph Poseidonios hatte hundert Jahre zuvor in einem einflußreichen Geschichtswerk die Kimbern nicht als Stamm, sondern als eine Räuberbande beschrieben, die bis zum Schwarzen Meer zog, bevor sie sich nach Westen wandte. Seneca mußte nicht eigens erwähnen, daß das Imperium Romanum der größte Magnet war. Nachrichten vom besseren Leben in den römischen Provinzen weckte jenseits der Grenzen Hoffnungen durch die Jahrhunderte hindurch, bis es am Ende kein Römisches Reich mehr gab.

Mit seinem Katalog von Gründen, die Stämme zu Wanderzügen veranlaßten, wandte sich Seneca unausgesprochen gegen die Meinung, nomadische Lebensweise sei für die dauernde Unruhe an Roms Nordgrenze verantwortlich. Ein halbes Jahrhundert zuvor hatte nämlich der Geograph Strabo in seiner „Erdbeschreibung" das Klischee einer germanischen Urgesellschaft gezeichnet, die zwischen Rhein und Elbe umherstreifte „wegen der Einfachheit der Lebensverhältnisse und weil sie weder den Boden bestellte noch Vorratshaltung betrieb, sondern in Hütten wohnte und nur über den täglichen Bedarf verfügte" (7,1,3). Doch solche Nomaden waren die Kimbern und Teutonen nicht. Sie suchten in Gallien ebenso Land wie der Suebenfürst Ariovist oder die Helvetier, die im Jahre 58 v. Chr. mit Roms Statthalter Iulius Caesar zusammenstießen. Im ersten Buch seines „Gallischen Krieges" beschrieb Caesar die Logistik der Helvetier, nachdem sie sich entschlossen hatten, neue Wohnsitze zu gewinnen. Diplomatische Verhandlungen mit den Stämmen, deren Gebiet sie durchziehen mußten, gehörten ebenso dazu wie der Kauf von Zugvieh und Wagen und das Sammeln von Vorräten, mit dem sie zwei Jahre vor dem Abmarsch begannen (1,3).

Seneca weiß, daß Stämme, *gentes*, keine feste Größe sind. Daher spricht er auch das Problem der Ethnogenese an, mit dem sich Historiker, Archäologen und Ethnologen in den vergangenen Jahrzehnten ausgiebig beschäftigt haben. In der Begrifflichkeit der Antike heißt das, daß alte Stammesnamen verschwinden und neue auftauchen, da sich die mit den Namen bezeichneten Einheiten geändert haben. Seneca geht davon aus, daß Namen keine Fremdbezeichnungen sind, sondern die Stämme sie selbst annehmen oder aufgeben, etwa wenn ein kleinerer Stamm sich einem größeren anschließt. Bei Wanderungen kamen solche Anschlüsse leichter zustande als bei stabilen Verhältnissen, die es laut Seneca fast nirgends auf der Welt gibt. Sein Verbannungsort Korsika ist dafür ein gutes Beispiel, wie er anschließend seiner Mutter erläutert: Nach einer Urzeit, die sich im Dunkel verliert, kamen nacheinander Griechen, Ligurer, Hispanier und schließlich Römer auf die Insel. Die Folgerung des Ethnologen lautet: „Man findet kaum ein Land, das die Ureinwohner auch jetzt noch besiedeln. Alles ist durcheinandergewürfelt und aufgepfropft" (7,10). In der antiken Geschichtsschreibung und Ethnographie wurde die Mischung von Populationen häufig erörtert, und eine gängige Frage lautete, ob sich ein Volk oder ein Stamm rein erhalten und in seinem Land seit Urzeiten gewohnt hatte oder ob die heutigen Bewohner zugewandert waren, sich mit der Urbevölkerung vermischt und weitere Zuwanderer aufgenommen hatten. Tacitus folgt in der „Germania" denjenigen Autoren, die der Meinung waren: „Germaniens Stämme haben sich durch keinerlei Heiraten mit anderen Nationen vermischt und sind daher ein Volk geworden, das eigenständig und rein und nur sich selbst ähnlich ist" (4,1). Es gibt keinen zweiten Satz eines antiken Schriftstellers, der wenigstens 500 Jahre lang, von der Mitte des 15. bis zur Mitte des 20. Jahrhunderts, eine so mächtige Nachwirkung gehabt hat wie diese Behauptung des Tacitus. Wer sie begeistert verinnerlichte und von germanischer Rassereinheit schwärmte, verdrängte nur zu gern, daß es in der Antike eine verbreitete Gegenmeinung gab, wie Tacitus selbst unüberhörbar andeutet. Bereits die Mythen boten für gemischte Ethnogenesen viel Material und waren mit ein Anlaß, daß auch die historische und ethnographische Literatur darauf einging. Die Mischung mußte sich keineswegs nachteilig auswirken. Der Historiker Pompeius Trogus, dessen „Philippische Geschichten" wir dank der Kurzfassung eines sonst unbekannten Iustinus aus dem 2. Jahrhundert n. Chr. kennen, betonte, am Anfang des makedonischen Weltreiches habe die Vereinigung mehrerer kleiner Stämme gestanden, „die starke Wachstumsgrundlage einer stets größer werdenden Herrschaft" (7,1,12). Isidor von Sevilla stellt in seinem „Etymologischen Lexikon" – gewiß auch nach eigenen Beobachtungen – zwei Arten von Stämmen nebeneinander: solche, die auf einen Ursprung zurückgehen, und solche, die sich „nach ihrer individuellen Zusammensetzung" unterscheiden (9,2,1). Noch Paulus Diaconus berichtet über die Langobarden: Nachdem sie um 512 die Heruler geschlagen hatten, „wurden sie mächtiger, weil sich ihr Kriegsvolk aus den verschiedenen Stämmen, die sie überwunden hatten, vergrößerte" (1,20).

Seneca konnte nicht ahnen, daß gerade die Neubildung von Stämmen Rom in späteren Jahrhunderten einmal erschüttern werde. Wohl aber war sich der Philosoph wie viele Römer bewußt, welche Bedrohung Rom sich eingehandelt hatte, als Caesar und Augustus vor drei und zwei Generationen das Reich bis an den Rhein und an die Donau ausgedehnt und ihm eine ‚nasse Grenze‘ von fast 4000 Kilometern Länge gegeben hatten. In seinen „Naturwissenschaftlichen Fragen" bemerkte er einmal: „Zwischen befriedetem und feindlichem Land fließen die Donau und der Rhein; der eine Fluß hält die sarmatischen Angriffe in Zaum, der andere weist die Germanen ab, einen kriegslüsternen Stamm (*gens*)" (6,7,1). Zusammenfassend bezeichnet er die Germanen als Stamm, und an anderer Stelle ergänzt er, daß sie nicht nur am Rhein, sondern auch an der Donau Roms Nachbarn sind (4a,1,2), bis an das Donauknie nämlich, wo sie von Sarmaten abgelöst werden. In seiner Schrift „Über den Zorn" sorgt sich Seneca: Den Germanen, die in ihrer unbeherrschten Wildheit die typischen Barbaren seien, fehle nur die rechte Zucht und Ordnung, sonst sähe es für die Römer böse aus. „Denn was ist mutiger als die Germanen? Was rascher bereit zu einer Invasion? Was begieriger nach Waffentaten, für die sie geboren und erzogen werden, an denen allein ihnen gelegen ist und über die sie alles andere vernachlässigen? Was ist abgehärteter für jede Strapaze, da sie großenteils nur für spärliche Kleidung sorgen und keinen Schutz vor dem stets rauhen Klima suchen?" (1,11,3). Es war das gängige Bild, das sich die Antike von den urtümlichen germanischen Barbaren machte, und es wirkt bis heute in der Bezeichnung nach, die viele europäische Sprachen für die Völkerwanderung verwenden.

IV. Von der „Invasion der Barbaren" zur „Völkerwanderung": Eine deutsche Geschichte

Die Römer nannten nicht nur die Germanen Barbaren, sondern alle Bewohner jenseits der Reichsgrenzen. Ohne Wertung bezeichnete „Barbar" zunächst den Fremden, der eine unverständliche Sprache redete. In dieser Bedeutung hatten die Römer das lautmalerische Wort von den Griechen übernommen. Griechisches und römisches Selbstbewußtsein sah im

Barbaren aber auch rasch den Angehörigen einer primitiven Kultur, der all die Eigenschaften besaß, die üblicherweise unzivilisierten Völkern zugeschrieben wurden. War der Fremde zugleich der Feind, so erhielt das abschätzige Barbarenbild eine unmittelbar politische Bedeutung. Aber es gab auch die entgegengesetzte Auffassung, die im Barbaren den von der Kultur noch unverdorbenen „Edlen Wilden" sah. Deren Vertreter verbanden mit der geschönten Darstellung gerne die Mahnung, man müsse zur hohen Moral der Naturmenschen zurückkehren. Zugleich warnten sie ihre schlaffen Mitbürger vor der Gefahr, die die unverbrauchte Kraft der Barbarenkrieger für das Römische Reich bildete.

Wenn Historiker aus dem angelsächsischen und romanischen Sprachraum statt der „Völkerwanderung" von der „Invasion der Barbaren" sprechen und die Flut der Bücher und Aufsätze zu dieser Epoche „Barbaren" nicht selten im Titel führt, so wollen die Verfasser das Wort gewiß im neutralen ursprünglichen Sinn als Nichtrömer verstanden wissen, gleich weit entfernt vom positiven wie vom negativen Klischee. Der guten Absicht kommt jedoch in die Quere, daß die modernen Sprachen im Alltag „Barbar" und „barbarisch" nur in der zweiten, abschätzigen Bedeutung von der Antike übernommen haben. Man kann es dem geschichtskundigen Franzosen auch nicht verübeln, wenn er sich daran erinnert, daß seine Urgroßeltern 1870, seine Großeltern 1914 und seine Eltern 1940 in bewußter Parallele zum römischen Gallien in der Spätantike von der „invasion des barbares" gesprochen haben. Im heutigen wissenschaftlichen Begriff „Barbareninvasion" schwingt daher oft noch ein Ton mit, den bereits die lateinische Literatur anschlug, die vom „Barbareneinfall", *incursio barbarica*, sprach, vom „Barbareneinbruch", *irruptio barbarica*, von der „Barbarenbewegung", *motus barbaricus*, oder gelegentlich in einem Rechtstext vom „Umherstreifen barbarischer Wildheit", *barbaricae feritatis discursus*. Im Spätlatein findet sich dann auch die Verbindung *invasio barbarica*. Die außerdeutsche Terminologie hat sich damit zugleich die römische Sichtweise zu eigen gemacht und betrachtet die historische Epoche vom Imperium Romanum aus. Es ist die eine Seite der Medaille, für deren andere sich in der deutschen Wissenschaftssprache seit über zweihundert Jahren die Zusammensetzung „Völkerwanderung" eingebürgert hat.

Bis sich allerdings im Deutschen der Plural „Völker" und der Singular „Wanderung" gefunden hatten, verging eine lange Zeit. Die Römer wandten das Wort „Volk", *populus*, nie auf die Germanen insgesamt an, da sie mit ihm ein organisiertes Staatsvolk wie das römische bezeichneten und es einen germanischen Gesamtstaat nicht gab. Gelegentlich sprachen sie vom *populus* der Alamannen, Burgunder oder Franken. Doch sie zogen *gens* und dessen Plural *gentes* vor. Unsere Übersetzung „Stamm" paßt vor allem deswegen, weil die Wurzel von *gens* auf gemeinsame Abstammung verweist, das Substantiv also der übertragenen Bedeutung von „Stamm" entspricht: Wie der Baumstamm ist der Volksstamm aus einer Wurzel, dem Stammvater, entsprungen. Der Umfang einer *gens* und folglich ihre historische Zusammensetzung blieben allerdings vage. Römer wie Seneca wußten, daß es Stämme gab, die dem aus der Natur entlehnten Bild nicht entsprachen, da sie sich erst im Laufe der Zeit aus verschiedenen Elementen gebildet hatten. Wenn sie daher nicht nur Alamannen, Burgunder oder Franken jeweils als eine *gens* ansahen, sondern auch die Germanen insgesamt, hieß das nicht unbedingt, daß sie jedesmal auch von einem gemeinsamen Stammvater ausgingen. Ein dritter Begriff, oft synonym mit *gens* und *populus* benutzt, war *natio*. Gelegentlich wurde *natio*, im Gegensatz zu der umfassenden Bedeutung, die unser Fremdwort „Nation" erlangt hat, als Teil einer *gens* verstanden. Denn dieses Substantiv brachte noch stärker als *gens* die Abstammung zum Ausdruck, und kleinere Stammesteile hielt man eher als Großstämme für Abstammungsgemeinschaften.

Die zahlreichen antiken Autoren, die, mit Kimbern und Teutonen angefangen, von Germanenzügen berichteten, benutzten für diese ‚Migration' so gut wie nie das Verb *migrare*. Wissenschaftliche Lexika übersetzen *migrare* auch nicht mit „wandern", sondern seiner Grundbedeutung entsprechend mit „den Ort wechseln" oder „wegziehen". Nur für den erzwungenen Ortswechsel von Völkerschaften verwendet der oben genannte Historiker Ammianus Marcellinus das Verb *migrare* und das Substantiv *migratio*. Deren Nebenbedeutung, die er ebenfalls kennt, war das ziellose Umherschweifen der Nomaden. Weder für das erzwungene noch für das ziellose *migrare* hatte der Historiker Tacitus Verwendung, als er 98 n. Chr. seine „Germania" schrieb. Er zog die zielgerichteten zusammengesetzten Formen *immigrare*, „einziehen", und *commigrare*, „hinziehen", vor: Nachdem die rechtsrheinischen Brukterer vernichtet waren, zogen die Chamaven und Angrivarier in ihr Gebiet ein (33,1). An auffälliger Stelle findet sich *commigrare*: Beim Übergang vom ersten allgemeinen Teil über Germanien zum zweiten Teil, der Darstellung der einzelnen Stämme, kündigt Tacitus an, er wolle auch darlegen, „welche Stämme aus Germanien nach Gallien hinübergezogen sind" (27,1). Gleich darauf wiederholt er das Verbum (28,3). Nachfolger fand er mit diesem vereinzelten Sprachgebrauch nicht. Beiden Komposita fehlte der dramatische Klang von „eindringen" oder „einfallen". Dazu kam, daß man Tacitus' kleines Werk in der Antike kaum mehr gelesen hat. Sogar er selbst wählte in seinen „Historien", wo er noch einmal auf die Züge der Germanen nach Gallien zu sprechen kam, andere Verben (4,73,3). Auch als in der Renaissance eine Handschrift der „Germania" wiederentdeckt wurde und 1455 nach Italien gelangte, fiel Tacitus' Sprachgebrauch zunächst nicht auf. Der am klassischen Latein geschulte Enea Silvio de'Piccolomini, der spätere Papst Pius II., sah sich 1458 die Schrift seines Vorgängers nur sehr flüchtig an, als er ein Werk uber Germanien verfaßte. Er benutzte sogar einmal *migrare*, aber bezeichnenderweise dort, wo er Strabo folgend die Germanen als Nomaden schilderte. Ausführlicher verwertete dagegen der deutsche Humanist Willibald Pirckheimer Tacitus' „Germania" für seine lateinisch geschriebene „Kurze Darstellung Germaniens nach den verschiedenen Schriftstellern", die 1530 in Nürnberg erschien. Bei den Germanenzügen benutzte er neben Verben wie „eindringen" Komposita von *migrare*, etwa *demi-*

grare und *emigrare*, und in der Einleitung sprach er von der *universalis Germanorum transmigratio*, der „allgemeinen Übersiedelung der Germanen".

Fünfzehn Jahre später veröffentlichte Wolfgang Lazius, Arzt, Naturforscher, Kartograph und Historiker am Wiener Hof, eine lateinische Geschichte Wiens. Er kam darin auf die Auswanderung der Stämme, *emigratio gentium*, zu sprechen und erzählte vom mythischen Zug der Kimmerier aus Asien an den Rhein, wobei er Tacitus' *commigrare* aufnahm. Im Anschluß daran erschien 1557 sein lateinisches Werk *De gentium aliquot migrationibus*. Zeitgenössische deutsche Leser mochten den Titel entweder mit „Über die Züge einiger Stämme" oder „Über die Züge einiger Völker" übersetzen. Auch Luther hatte in seiner Bibelübersetzung von 1534 *gens, populus* und *natio* manchmal unterschieden, manchmal nur mit „Volk" wiedergegeben. Vor allem bei der Übersetzung des Psalters liebte er den klangvollen Plural „Völker", etwa im Psalm 67, wo die Vulgata zwischen *gentes* und *populi* wechselt: „Es danken dir Gott die Völker/Es danken dir alle Völker/Die Völker freuen sich und jauchzen/daß du die Leute recht richtest/und regierst die Leute". „Leute" ist Luthers andere Übersetzung für *populi*. Denn im Althochdeutschen bedeutete „Volk" zunächst jede beliebige Menschenmenge, dann nebeneinander das „Kriegsvolk", der Kriegerhaufe, und das „Hausvolk", die Angehörigen eines Hauses. Wenn allerdings bei Luther der *populus Israel* oder der *populus Zion* zum „Volk Israel" und „Volk Zion" wird, schwingt bei ihm wie in der Vulgata die alte politische Bedeutung von *populus* mit. Für die ‚Wanderung' der zwölf Stämme Israel durch die Wüste, in der man am ehesten eine Parallele zur Völkerwanderung sehen mochte, verwendet Luther nie „wandern", da auch die Vulgata hier das *migrare* der Nomaden nicht benutzt. Der Übersetzer spricht von „wandeln", „ziehen" oder „reisen".

Die deutsche Ausgabe von Hartmann Schedels Weltchronik aus dem Jahr 1493 kannte noch keine germanischen Stämme oder Völker, die gewandert waren. Sebastian Franck behandelte im „Germaniae chronicon" von 1538, dem umständlichen Titel zufolge, „wieviel lender und völcker Germania begreiff, und wie weit ire Grentzen erstrecke, wie offt sie in ander Länder ire sitz verruckt ...". Als Johann Eberlin von Günzburg 1526 zum ersten Mal Tacitus' „Germania" ins Deutsche übertrug, gab er *commigrare* einmal mit „ziehen", das andere Mal mit „kommen" wieder, während er *immigrare* unterschlug. Erst die beginnende deutsche Wissenschaftsprosa übersetzte *transmigratio gentium*, Pirckheimers Ausdruck, und *migratio gentium*, Lazius' Buchtitel, mit „Wanderung der Völker" und hob die Ereignisse in der Spätantike als „die große Wanderung der Völker" hervor. Plakativ tat das Johann Jacob Mascou 1726 in der Vorrede seiner „Geschichte der Teutschen" und in der Überschrift zu deren siebtem Buch, das er dem Thema widmete. In der Darstellung selbst, wo Mascou zwischen Volk und dem Fremdwort Nation schwankte, erschien der Ausdruck dagegen noch nicht. Der Sprachkritiker Johann Christoph Gottsched wetterte 1733 in einem seiner „Beyträge zur Critischen Historie der Deutschen Sprache, Poesie und Beredsamkeit" ausführlich gegen die neumodische Übersetzung aus dem Lateinischen: Die Bildung auf -ung sei kein gutes Deutsch, und „wandern" sei weder die richtige Übersetzung für *migrare*, noch passe es auf ein ganzes Volk. Aber seine Einwände fruchteten nichts. 1746 verzeichnete Zedlers Universallexikon erstmals den Eintrag „Völkerwanderungen", allerdings nur, um darauf zu verweisen, daß die Sache, die diesen noch ungewohnten Namen trug, unter dem Stichwort „Züge ganzer Völker" behandelt werde. Von den dort erwähnten Zügen werden dann diejenigen, die das Römische Reich trafen, herausgehoben.

Den ersten Schritt vom allgemeinen Plural zum Singular „Völkerwanderung" machte 1778 Michael Ignaz Schmidt in seiner „Geschichte der Deutschen". Noch war der Verfasser jedoch so unsicher, daß er einleitend von der „sogenannten Völkerwanderung" sprach (S. 15–16). Als er aber zu Hunnensturm und Gotenwanderung kam, erklärte er sie geradewegs zur Epochenschwelle, zu der „Losung zu jener großen Begebenheit, die unter dem Namen Völkerwanderung in der Geschichte vorkommt" (S. 129). Johann Christoph Adelung folgte ihm in seinem Wörterbuch 1780. Er nahm das Stichwort Völkerwanderung auf und definierte: „Die Wanderung mehrerer Völker, besonders von der großen Begebenheit dieser Art, welche einige Jahrhunderte nach Christi Geburt dem nördlichen Teile von Asien und dem ganzen Europa eine völlig veränderte Gestalt gab". 1792 war Schiller der besondere Begriff „Völkerwanderung" schon so geläufig, daß er der Teilpublikation einer Studie, die er zwei Jahre zuvor über die Kreuzzüge verfaßt hatte, die Überschrift gab: „Über Völkerwanderung, Kreuzzüge und Mittelalter". Im Text, der einen kühnen Bogen zwischen den beiden Epochen schlug, kam „Völkerwanderung" allerdings nicht vor. Schiller hatte den modernen Ausdruck wohl deswegen in den Titel gesetzt, weil er Leser, die ihn bereits einmal gehört hatten, neugierig machen wollte. Zudem hatte drei Jahre nach dem Ausbruch der Französischen Revolution, in der sich „das souveräne Volk", *le peuple souverain*, erhoben hatte, das Wort „Volk" auch jenseits des Rheins einen neuen Klang bekommen. Den Klang verstärkte vor allem Herder, für den das Volk ein gewachsener Organismus war. Der „Volksgeist" hauchte ihm Leben ein, das sich im „Volkscharakter" und in der „Volkssprache", in „Volksdichtung" und im „Volkslied" entfaltete. 1791 schloß Herder den vierten Teil seiner „Ideen zur Philosophie der Geschichte der Menschheit" ab, den er der Geschichte der europäischen Völker widmete. Dazu gehörte „die berühmte Wanderung der nordischen Völker in die Provinzen des Römischen Reichs", wie die Vorrede zum 18. Buch ankündigte. Schon im 16. Buch hatte er „die lange Völkerwanderung" von den früheren Zügen der Barbaren zum Mittelmeer abgehoben. Doch das Substantiv war noch zu ungewohnt, als daß es ihm öfter in die Feder geflossen wäre. Mißmutig hatte er 1788 aus Rom an Goethe geschrieben, wenn er könnte, würde er „eine neue Irruption germanischer Völker in dies Land, zumal nach Rom veranlassen". Das unverblümte Fremdwort entsprach seiner Stimmung besser als die harmlosere Vorstellung von wandernden Völkern. Immanuel Kant blieb in seiner „Anthropologie in pragmatischer Hinsicht" von 1798 bei der herkömmlichen Wendung „Wanderungen ganzer Völker". Er sprach auch einmal, ohne an eine bestimmte Epoche zu denken, von der „alten Geschichte der Völkerwanderungen", aber für den historischen Singular hatte er keine Verwendung.

Doch die Einzahl setzte sich in den folgenden Jahren immer mehr durch. 1822 hielt Hegel zum ersten Mal seine Vorlesung über die „Philosophie der Geschichte". Deren vierten Teil über die germanische Welt eröffnete er mit einem ersten Abschnitt: „Die Völkerwanderungen", um sogleich einzuschränken, daß er „den Ursprung der Völkerwanderung" nicht aufsuchen wolle. Dem Göttinger Historiker Arnold Heeren gefielen 1799 der dramatische „Völkersturm" oder die „Völkerstürme" zunächst noch besser für sein ansonsten trockenes „Handbuch der Geschichte der Staaten des Altertums". In den überarbeiteten späteren Auflagen ging auch er zu „Völkerwanderung" über. Unter den Halbgeschwistern, die das Wort damals bekam und die der verbreiteten „Volksstimmung" nach den Kriegen gegen die „Völkergeißel" Napoleon entsprangen, befanden sich so poetische Bildungen wie „Völkerfrühling", „Völkermorgen" und „Völkerglück", aber auch die martialische „Völkerschlacht". Nicht an die Germanen dachte Jean Paul 1797 im „Dritten Hirten- oder Zirkularbrief" seines „Jubelsenior", wo er ironisch „Völker- und Seelenwanderung" miteinander verband. Heine bemerkte 1828 im dritten Teil der „Reisebilder" zu seiner Ankunft in Verona: Die Stadt sei Italiens „erste Station für die germanischen Wandervölker" gewesen in einer Geschichte, die „von den Historikern die Völkerwanderung genannt wird". Danach waren die sprachlichen Vorbehalte gegen das neue Wort auf dem Rückzug. Allerdings mied es Goethe, als er 1829 „Wilhelm Meisters Wanderjahre" veröffentlichte. In der schon 1810 verfaßten und an Senecas Traktat erinnernden Rede, die Leonardo, der Führer der Auswanderungswilligen, über das Wandern im Leben des Einzelnen und im Leben der Völker hält, spielt der Redner nur allgemein auf die historische Völkerwanderung an: „Denken wir mit Schaudern der Eroberer, jener gewaffneten Wanderer, gegen die kein Widerstand helfen, Mauer und Bollwerk harmlose Völker nicht schirmen konnte" (3,9).

Auch gab es gelegentlich noch sachliche Einwände. Schon Zedlers Lexikon hatte sich 1750 im Artikel „Züge ganzer Völker" über die Vorstellung lustig gemacht, ganze Völker seien samt „Kind und Kegel, Zick und Beck" losgezogen. Der Verfasser folgte dem Juristen Johann Ehrenfried Zschackwitz, der 1733 in seiner „Einleitung zu den vornehmsten Rechtsansprüchen der gekrönten Häupter und anderer Souveränen in Europa" die seiner Absicht entgegenkommende Auffassung vertrat, daß es die nachgeborenen germanischen Fürstensöhne gewesen seien, die sich mit ihrem Gefolge im römischen Reich eine eigene Herrschaft eroberten. Noch Leopold von Ranke äußerte 1883 in seiner „Weltgeschichte" Bedenken gegen das Wort „Völkerwanderung" und deren üblichen Anfang, den Einbruch der Hunnen: Das viel weiter zurückreichende römisch-germanische Verhältnis erlaube nicht, gerade hier eine neue Epoche dieses Namens beginnen zu lassen. Wie Michael Ignaz Schmidt sprach er daher lieber von der „sogenannten Völkerwanderung". Auch in seinen Vorlesungen machte er diese Einschränkung, die einige Nachschriften seiner Hörer bewahrt haben. Wichtig war Rankes Rat, die Vorgänge an Roms Grenzen seit 370 im weiteren historischen Rahmen zu sehen (4,1,153).

Zum Schluß der Begriffsgeschichte von „Völkerwanderung" bleibt eine Feststellung: Auch die anhaltende Auseinandersetzung, ob die Alamannen und Burgunder, die Franken und Goten, die Sueben und Vandalen Stämme oder Völker, Ethnien oder Nationen waren, ist zunächst einmal ein Streit um Worte und ihre Geschichte. Im Deutschen ist „Stamm" trotz „Völker"-wanderung die gängige Bezeichnung geblieben. Eine frühere Auffassung hat mit „Stamm" getreu dem Wortsinn die Vorstellung von biologischer Einheit verbunden, weshalb ihren Vertretern auch „Blutsbande" und „Rassengemeinschaft" leicht über die Lippen kam. Dagegen hat die jün-

gere Forschung die oben zitierte Einsicht antiker Autoren zu-
rückgewonnen, daß ein Stamm ein sehr heterogenes Gebilde
sein kann. Das letzte Kapitel wird zeigen, warum 1945 zu
einer Scheidelinie in der Erforschung der Völkerwanderung
wurde.

V. Rom und die Germanen vor der Völkerwanderung: Eine fünfhundertjährige Vorgeschichte

Als Tacitus im Jahre 98 n. Chr. seine „Germania" schrieb und
die zahlreichen schweren Kämpfe überdachte, die Rom mit
den Germanen inzwischen bestanden hatte, rechnete er zurück: 210 Jahre war es her, seit die Römer zum ersten Mal
von den Kriegstaten eines germanischen Stammes, der Kimbern, gehört hatten. Und wie sah die Bilanz aus? Der Historiker zog sie knapp und sarkastisch: „So lange schon wird
Germanien besiegt" (37,2). Nicht weniger bissig lautete sein
Urteil über die jüngsten Erfolge, die Kaiser Vespasian und sein
vor zwei Jahren ermordeter Sohn Domitian errungen hatten:
„Mehr Triumphe hat man über die Germanen gefeiert, als daß
sie besiegt worden wären" (37,5). Jeder von Tacitus' römischen
Lesern kannte die Verse des Dichters Vergil, der um das Jahr
23 v. Chr. das Credo römischer Politik in seinem Nationalepos
„Aeneïs" so zusammengefaßt hatte: „Du, Römer, denke daran, was dein Beruf sein soll: die Völker durch deine Herrschaft zu lenken und eine Friedensordnung zu erstellen, in der
du die Unterworfenen schonst und die Widerspenstigen nie-
derringst" (6,851–853). Auch Tacitus dachte im stillen daran
und stellte fest, daß die Germanen zu den Widerspenstigen
gehörten, die sich Vergils Forderung seit mehr als zweihundert
Jahren erfolgreich widersetzten. Der Römer, den Vergil vor
allem ansprach, war der junge Kaiser Augustus, der damals
wohl schon daran dachte, das Land zwischen Rhein, Donau
und Elbe als Provinz Germania dem Reich einzuverleiben.
Sein Plan scheiterte 9 n. Chr. im Teutoburger Wald, wo der

Cherusker Arminius drei römische Legionen vernichtete. Augustus' Nachfolger Tiberius verzichtete bald nach seinem Regierungsantritt 14 n. Chr. darauf, das Imperium bis zur Elbe auszudehnen. Die Germanen hatten Roms Anspruch auf Weltherrschaft, dem politisch-ideologischen Fundament seiner Expansion, das auch Vergil andeutete, einen kräftigen Stoß versetzt. Vom ersten vorchristlichen Jahrhundert an erhob Rom diesen Anspruch, und seit ein Monarch an seiner Spitze stand, war er der Repräsentant des Anspruches, von dem man erwartete, daß er ihn weiterhin durchsetzen werde. Der große Rechenschaftsbericht, den der Monarchiegründer Augustus für die Reichsöffentlichkeit verfaßte, handelte laut Überschrift „von den Taten, mit denen er den Erdkreis der Herrschaft des römischen Volkes unterwarf". Der gleiche Geist sprach noch aus dem Titel, den sich 350 Jahre später Valentinian und sein Bruder Valens zulegten: „Herren des Erdkreises", *domini orbis*.

Rom war daher auch in den Beziehungen zu den Staaten, die sein Reich umgaben, stets die bestimmende Vormacht. Immer bestand es darauf, daß sie seine Majestät anerkannten, seine *maiestas*, deren Wortstamm *maior*, „größer", allein schon den Vorrang ausdrückte. Unausgesprochen galt der Vorrang auch dort, wo beide Seiten einander scheinbar gleichberechtigt gegenübertraten. Die Unantastbarkeit der Grenzen war ein kaum je ausgesprochener, aber empfindlicher Anzeiger der *maiestas*. Grenzen waren keine festgelegten Linien im modernen Sinn, sondern Zonen von wechselnder Breite, die auch Gebiete jenseits von Grenzflüssen einschlossen. Wer sie unbefugt durchschritt, war Feind des römischen Volkes. Mit ihm verhandelte man nicht, sondern er wurde so lange bekämpft, bis er wich oder vernichtet war und der Sieger die Integrität des römischen Bodens wiederhergestellt hatte. Die Kimbern und Teutonen waren nur die ersten Germanen, nicht die ersten Eindringlinge, die erfuhren, mit welcher Unerbittlichkeit Rom für seine absolute Souveränität kämpfte. Trotz schwerer Niederlagen, die mehrere Legionen gekostet hatten, lehnte der römische Senat damals die wiederholte Bitte der

Germanen um Land ab. Nur folgerichtig war, daß Rom keinen Fußbreit Boden hergab, der einmal zu seinem Reich gehört hatte. Auch das bekam mancher voreilige Angreifer zu spüren. Die Sicherheitsgarantie schloß das Gebiet der Verbündeten und, je nach politischen Umständen, weitere Interessengebiete mit ein. Der Statthalter Julius Caesar wollte sich 58 v. Chr. in seiner Absicht, ganz Gallien zu erobern, nicht von den landsuchenden Helvetiern und dem Suebenfürsten Ariovist stören lassen. Da beide nicht nachgaben, mußte er sich mit zwei Schlachten den Weg freikämpfen, um Roms Herrschaft bis zum Rhein erweitern und sichern zu können.

Die Germanen jenseits des Rheins und jenseits der Donau, bis zu der Augustus das Imperium vorgeschoben hatte, blieben Störenfriede, vor denen man die Reichsbewohner schützen mußte. Für diese Aufgabe standen an beiden Flüssen je acht Legionen Infanterie bereit, jede Legion zu fünf- bis sechstausend Mann. Zwischen den Legionslagern reihte sich die Kette der Kastelle für die Hilfstruppen zu Fuß und zu Pferd. Um 85 schloß Domitian das sogenannte Decumatenland zwischen Rhein, Main und Neckar mit der Westschweiz und einem linksrheinischen Streifen zur Provinz Obergermanien, *Germania superior*, zusammen. Ein Limes, ursprünglich ein Patrouillenweg, später eine Befestigungsanlage mit Kastellen und Wachttürmen, begrenzte die neue Provinz nach Osten. An Obergermanien, das am Vinxtbach nördlich von Koblenz endete, schloß Domitian Niedergermanien, *Germania inferior*, an, das sich in wechselnder Breite links des Rheins bis zu seiner Mündung erstreckte. Die Rheinzone beruhigte sich danach so weit, daß Rom die Zahl der Legionen um die Hälfte verringern konnte. Anders an der Donau, wo Kaiser Trajan erst die Daker in zwei Kriegen 101–102 und 105–106 niederringen mußte. Die Provinz Dacia, die er anschließend einrichtete, war im Norden die letzte große Erweiterung des Reiches.

Neben die militärische Verteidigung trat die politische Sicherung durch die Beziehungen, die Rom mit einzelnen Stämmen jenseits der Grenze pflegte. Voll Stolz berichtet Augustus in seinem „Tatenbericht", daß die Kimbern – die germanischen Urfeinde also – sowie die Semnonen und andere germanische Völker „durch Gesandte meine und des römischen Volkes Freundschaft erbeten haben" (26,3). „Freundschaft", *amicitia*, wurde das friedliche Verhältnis Roms zu einer fremden Macht genannt. Ein Bündnisvertrag, *foedus*, mit bestimmten, im Einzelfall wechselnden Bedingungen und Verpflichtungen, festigte und erweiterte die Freundschaft. Da nicht Rom, sondern der kleinere Partner als Bittsteller kam, war von vornherein klar, wer in solchen Zweierbündnissen das Sagen hatte. In der Überlieferung ist gelegentlich von Klienten Roms die Rede, weshalb sich der Begriff Klientelstaaten eingebürgert hat.

Ebenfalls in einem *foedus* mochte die Unterwerfung, die *deditio*, enden, nachdem ein besiegter und daher rechtlos gewordener Feind sein Schicksal dem Sieger anheimgestellt hatte. Rom machte sich auch gerne Streitigkeiten zwischen den Stämmen oder innerhalb der Stämme, in der Regel der Stammesaristokratie, zunutze. Eine Episode, die Tacitus in seiner „Germania" berichtet, belegt die berechnende römische Politik: Eindringende Chamaven und Angrivarier hatten die an der oberen Ems sitzenden Brukterer fast völlig vernichtet, ohne daß ihnen ihre angestammten Nachbarn zu Hilfe kamen. Auch die Römer betrachteten erfreut das Schauspiel, das ihnen offensichtlich – so räsoniert der Historiker – die Götter gewährt hatten. Sie, die Rom nach alter Auffassung groß gemacht haben, bittet der wegen der Germanengefahr besorgte Tacitus um ein weiteres Geschenk für den römischen Staat, das ihm Soldaten und Geld ersparen werde: „Möge den Stämmen – das meine Bitte –, wenn schon nicht die Liebe zu uns, so doch wenigstens der Haß untereinander erhalten bleiben und fortdauern, da uns, die das Schicksal des Reiches umtreibt, Fortuna nichts Größeres mehr gewähren kann als die Zwietracht der Feinde" (33,1–2). Selbst christliche Autoren sahen später nichts Verwerfliches darin, daß Kaiser oder ihre Generäle die Zwietracht zwischen den Stämmen ausnutzten, um römisches Blut zu schonen. Bei inneren Schwierigkeiten wandten sich Stämme oder ihre Häuptlinge nicht selten an den Kaiser und baten ihn einzugreifen. So konnten sich, wie Tacitus in der „Germania" bemerkt, die Könige der Markomannen und Quaden nur auf dem Thron halten, weil sie von Rom gestützt wurden (42,2). Auch Münzen belegen, daß mancher Stammesfürst seine Stellung Roms Gnaden verdankte. „Den Quaden einen König gegeben", *rex Quadis datus*, verkündete eine zwischen 140 und 144 ausgegebene Prägung des Antoninus Pius. Wenn Könige oder Adlige in blutigen Stammesfehden unterlagen, rettete sie oft nur die Flucht auf römisches Territorium.

Um für Ruhe zwischen den Stämmen zu sorgen oder den Druck auf die Grenzen zu verringern, waren Umsiedlungen ein wirkungsvolles Mittel. Sie mußten nicht immer erzwungen werden. Bevor Augustus' Statthalter Marcus Agrippa 19 v. Chr. den Ubiern in der Kölner Bucht neue Wohnsitze anwies, waren wahrscheinlich schon Teile des Stammes aus dem Neuwieder Becken über den Rhein gezogen, um den Sueben in ihrem Rücken auszuweichen. Tiberius siedelte 8 v. Chr. Sugambrer am Niederrhein und Sueben am Oberrhein an, insgesamt 40000 Menschen, und 50000 Daker erhielten von ihm südlich der Donau Land. Die Grabinschrift des Plautius Silvanus, der zwischen 60 und 67 n. Chr. Statthalter der Provinz Moesia war, rühmt ihn, er habe dorthin „mehr als 100000 Transdanuvianer als Tributpflichtige überführt zusammen mit ihren Frauen und Kindern, mit ihren Häuptlingen und Königen". Hier wie auch sonst blieb die Stammesstruktur der Zuwanderer zunächst erhalten, bis sie sich durch die ausgreifende Provinzialverwaltung erledigte. Zudem romanisierten sich die Neusiedler, die oft gerne die besseren Lebensbedingungen auf römischem Boden gegen die Nöte und Gefahren ihrer alten Heimat eintauschten. Rom war daran gelegen, daß spärlich bewohnte Gebiete in den Randprovinzen von zuverlässigen Bauern und Hirten bewirtschaftet wurden. Sie brachten nicht nur zusätzliche Steuern ein, sondern verteidigten ihren neuen Besitz auch gegen nachdrängende ehemalige Nachbarn und plündernde Horden. Zu den Tributen, von denen die erwähnte Inschrift spricht, kam die Verpflichtung, bei Bedarf Militärdienst zu leisten. Das war auch bei den föderierten Stämmen jenseits der Grenzen der wiederkehrende Beitrag, den Rom forderte. Solche Stammeskontingente, die zunächst außerhalb der Armee standen, kämpften unter ihren eigenen Kommandanten und in ihrer herkömmlichen Bewaffnung. Später konnten sie unter die regulären Hilfstruppen, die *auxilia*, aufgenommen werden. Inschriften überliefern uns eine Reihe germanischer *cohortes*, Hilfstruppeneinheiten zu Fuß und zu Pferd, die 500 oder 1000 Mann stark waren. Eingesetzt wurden sie zum Teil weit außerhalb ihrer Heimat. So fanden sich Inschriften von Angehörigen der *cohors Mattiacorum*, die aus dem Gebiet zwischen Main und Taunus stammte, ausschließlich in Mösien. Für viele Barbaren war der Dienst in den *auxilia*, der im Durchschnitt 25 Jahre dauerte, keine Pflicht, sondern eine willkommene Lebensform. Sie bot ein geregeltes Einkommen und brachte mit der Entlassung das begehrte römische Bürgerrecht, nachdem die Soldaten inzwischen von selbst römische Sitten angenommen hatten. Die Armee war der große Schmelztiegel, der allein schon durch die lateinische Kommandosprache die Romanisierung förderte, ohne daß Rom eine gezielte Kulturpolitik betrieb.

Hätte es ein gesamtgermanisches Nationalbewußtsein gegeben, es wäre vom Soldateneid überdeckt worden, den die Hilfstruppen wie die Legionäre auf ihren Kaiser und obersten Feldherrn schworen. Aber ein solches Nationalbewußtsein, eine Lieblingsvorstellung des modernen Nationalstaatsdenkens, gab es nicht, und daher hatten germanische Hilfstruppen keinerlei Vorbehalte, wenn sie gegen Germanen im sogenannten freien Germanien, in der *Germania libera*, kämpften. Die Kaiser scheuten sich auch nicht, das Wohlverhalten germanischer Könige mit Geld zu erkaufen. Ein erkaufter Friede war meist billiger als ein erkämpfter. Falls man nicht von Geschenken sprach, benutzte man für die Zahlungen das Wort *stipendium*, das den Soldatensold bezeichnete und den Kaisern die schmeichelhafte Vorstellung vermittelte, daß fremde Fürsten in ihrem Sold standen. Für den traditionsbewußten

Tacitus blieben die Zahlungen trotzdem ein anrüchiges Mittel, und in seinen „Historien" blickte er mit Wehmut in die Vergangenheit zurück, als „der römische Staat besser durch seine Tapferkeit als durch sein Geld dastand" (2,69,2). Anrüchig war das Mittel für den Historiker auch deswegen, weil Rom, wie er in der „Germania" andeutet (15,3; 42,2), die Geldgier zu seinem eigenen Schaden exportierte. Germanische Habsucht wurde berüchtigt.

Römische Kaufleute sorgten dafür, daß wenigstens ein Teil des Geldes wieder zurückfloß. Laut Tacitus' „Germania" hatte sich in den grenznahen Gebieten der Tauschhandel überlebt (5,4–5; 23). Die Germanen ließen sich ihre Exporte gut bezahlen. Sklaven gehörten dazu (24,2), und für Bernstein von der Ostsee legten römische Händler jede gewünschte Summe hin (45,4). Weil die suebischen Hermunduren, die zwischen Elbe und Donau siedelten, ihre Freundschaft zu Rom im Gegensatz zu anderen Suebenstämmen besonders pflegten, erhielten sie weitreichende Handelsprivilegien (41,1). Politik und Wirtschaft förderten sich in Friedenszeiten gegenseitig. Doch nicht immer vermochte der Handel den Frieden zu sichern.

Unter Marc Aurel (161–180) geriet das System aus militärischer Sicherung, diplomatischem Verkehr und wirtschaftlichen Beziehungen, das sich an Rhein und Donau herausgebildet hatte, erstmals in eine Krise. Bemerkenswert ist, daß die Krise nicht von den Stämmen ausgelöst wurde, die schon lange Roms Nachbarn waren. Ihr Ausgangspunkt lag vielmehr weit entfernt im Nordosten, wo Goten, damals in der antiken Überlieferung noch Gutonen genannt, zwischen 150 und 160 vom Unterlauf der Weichsel den Fluß hinaufzogen. Sie drängten Burgunder nach Westen und Vandalen nach Süden. Diese Verschiebungen lösten eine Kettenreaktion aus, die wir im einzelnen nicht mehr verfolgen können. Aber bald darauf kam es zu einer großen Koalition, die Stämme vom Rhein bis zum Schwarzen Meer gegen Rom vereinte. Die „Historia Augusta", eine spätantike Sammlung von Biographien römischer Kaiser, zählt in der Vita Marc Aurels sechzehn Stämme auf und spricht von weiteren, die sich mit ihnen verschworen (22,1). Antirömische Parteiungen gewannen offensichtlich die Oberhand, und ihr stärkstes Argument dürften die ausgedünnten Verteidigungslinien entlang der Flußgrenzen gewesen sein, da Marc Aurel 162 zahlreiche Truppen von Rhein und Donau abzog, um sie im Krieg gegen die Parther im Osten einzusetzen. Die Gelegenheit war günstig: Kostoboken durchzogen die Balkanhalbinsel bis Mittelgriechenland; Vandalen suchten sich in Dakien niederzulassen; 6000 Langobarden und Obier fielen in Pannonien ein. Markomannen und Quaden überquerten 167 sogar die Alpen und erschreckten Oberitalien, das seit den Kimbern keine Germanen mehr gesehen hatte; die Eindringlinge belagerten Aquileia und machten das unbefestigte Städtchen Opitergium dem Erdboden gleich. Die Vorfälle lehrten Rom nicht zum ersten Mal, was Verträge mit germanischen Stämmen wert waren, wenn adlige Vertragspartner entmachtet wurden oder starben oder wenn beutegierige Führer genügend Gefolgsleute um sich sammelten.

Daß Rom nach eineinhalb Jahrzehnten wieder dort stand, wo es zu Beginn der Krise gestanden hatte, und die Rhein- und Donaugrenze erneut gesichert wurde, war allein der Zähigkeit Marc Aurels zu verdanken. Obwohl von Natur kein Soldat, verbrachte „der Philosoph auf dem Thron" zwischen 168 und 180, dem Jahr, in dem er im Feldlager bei Wien starb, mehr Zeit an der Front als jeder seiner Vorgänger. In den Friedensverträgen bestand er auf einer unbewohnten Sicherheitszone nördlich der Donau, und zusätzlich errichtete er Kastelle, die zum Teil tief im Gebiet einzelner Stämme lagen. Der Erfolg, den Marc Aurels Sohn Commodus noch im Todesjahr des Vaters durch weitere Verträge festigte, hatte auch Schattenseiten. Ein Grund dafür war die Pest, die während der ganzen Kriegszeit im Reich wütete. Beide Kaiser sahen sich daher gezwungen, in Verträgen mit den Stämmen noch nachdrücklicher als bisher Truppenlieferungen zu vereinbaren. Damals begann, was man die „Barbarisierung des Heeres" genannt hat. Zu ihr trug die zunehmende Wehrmüdigkeit der Reichsbevölkerung bei, die wiederum mit den

Opfern zusammenhing, die die Pest forderte. Deswegen kam Marc Aurel auch großzügig den Wünschen einzelner Stammesteile entgegen und gab ihnen Siedlungsland im Reich.

Die Historiker betrachten heute den Markomannenkrieg unter Marc Aurel häufig als ein Vorspiel zur Völkerwanderung. Ihr früher Vorgänger ist der Biograph des Kaisers in der „Historia Augusta". Er gibt dem Krieg wohl deshalb mehr Raum als den zahlreichen anderen Kriegen in der Sammlung, weil er zugleich die Ereignisse nach 378 vor Augen hat. Die Schauplätze waren zum Teil dieselben, und einige der genannten Stämme waren wieder beteiligt. Manche Forscher zählen den Zug der Kimbern und Teutonen als Erste, den Markomannenkrieg als Zweite und die Germaneneinfälle seit 233 als Dritte Völkerwanderung, die der Großen Völkerwanderung vorausgegangen sind. Sie haben ebenfalls einen antiken Vorläufer, den im ersten Kapitel vorgestellten Historiker Ammianus Marcellinus. Als er gegen Ende des 4. Jahrhunderts die neuen Germanenwellen beschrieb, blickte er in die römische Geschichte zurück und tröstete sich, daß Rom auch die drei schweren früheren Zusammenstöße siegreich bestanden habe (31,5,12–14). Im Vergleich mit ihnen waren ihm die vielen kleineren Konflikte, die zum Alltag an der Grenze gehörten, nicht der Rede wert.

213 stießen die Römer zum ersten Mal mit Alamannen zusammen. Sie waren in das Dekumatenland eingefallen, aus dem sie Kaiser Caracalla vertrieb. Offiziell wurde, wie sein Siegestitel *Germanicus maximus* zeigt, wie bisher von Germanen gesprochen. Den frühesten Beleg für den neuen Namen bot um 230 der Historiker Asinius Quadratus, der ihn als „zusammengeschwemmte und vermischte Leute" deutete. Ob er mit seiner Erklärung recht hat, ist immer noch umstritten. Doch offensichtlich bewog ihn dazu die Nachricht, daß die Eindringlinge einen Namen führten, den er noch nie gehört hatte, der folglich auch keinen traditionellen Stamm bezeichnen konnte. Kern der Vereinigung waren wahrscheinlich Kriegergruppen der suebischen Semnonen, die zwischen Oder und Elbe gesiedelt hatten, aber von der gotischen Wande-

rung ausweichenden Burgundern vertrieben worden waren. Sie drangen in das Maingebiet vor, und Angehörige anderer suebischer Stämme wie die Hermunduren schlossen sich an. Als nach 230 das Neupersische Reich der Sassaniden, das die Herrschaft der Parther beendet hatte, die angrenzenden römischen Provinzen bedrohte und Roms Aufmerksamkeit beanspruchte, nutzten diese locker verbundenen Zweckverbände die Gelegenheit und stießen 233 erneut nach Obergermanien und Rätien vor. Kaiser Severus Alexander mußte einen Feldzug gegen Persien abbrechen, um gegen sie die Rheingrenze zu schützen, fiel aber 235 bei Mainz einem Anschlag seines Offiziers und Nachfolgers Maximinus Thrax zum Opfer. Maximinus, der aus dem Soldatenstand aufgestiegen war und die Epoche der Soldatenkaiser eröffnete, vertrieb die Alamannen, bekämpfte anschließend Sarmaten und Daker an der Donau, wurde aber nach nur dreijähriger Herrschaft ebenfalls ermordet.

In den folgenden Jahrzehnten gelang es keinem Kaiser mehr, eine dauerhafte Dynastie zu begründen, da sich die inneren Schwierigkeiten mit den äußeren Bedrohungen verquickten. Der Streit um den Thron, der die Loyalität von Soldaten und Zivilbevölkerung spaltete und die Unterscheidung zwischen rechtmäßigem Kaiser und Usurpator in das Belieben der jeweiligen Anhänger stellte, band Kräfte, die der Reichsverteidigung verlorengingen. Mancher Offizier wurde zum Kaiser erhoben, weil er sich gut gegen die Eindringlinge geschlagen hatte, und er verlor die Legitimität und sein Leben, sobald er Niederlagen einstecken mußte. Mit ein Grund für wirtschaftliche Schwierigkeiten, die allerdings die Provinzen ungleichmäßig trafen, waren die steigenden Summen, mit denen Kaiser das Wohlwollen einzelner Germanenstämme erkauften oder Friedensverträge zusätzlich absicherten. Schon für Caracalla veranschlagte der zeitgenössische Historiker Cassius Dio die Höhe solcher Gelder auf die Hälfte des gesamten Militärbudgets, das stets den größten Posten im römischen Staatshaushalt bildete (78,17,3). Das Edelmetall in den Münzen zu verringern war ein Mittel, um die Löcher in der

Staatskasse zu stopfen (77,14,4; 15,1), neue Steuern zu erheben ein anderes. Die Zeitgenossen hatten laut Cassius Dio den Verdacht, daß Caracallas Constitutio Antoniniana, die 212 so gut wie allen Reichsbewohnern das Bürgerrecht gab, vor allem dazu diente, diejenigen Abgaben auszuweiten, zu denen bisher nur Vollbürger verpflichtet waren (77,9,4–5). Als 238, in einem Jahr, das fünf Kaiser sah, eine große Gotenschar erstmals über die untere Donau stieß und die Provinzialen einen neuen Feind kennenlernten, sah Rom im Augenblick keinen anderen Ausweg, als die Eindringlinge mit dem Versprechen hoher Jahresgelder zum Abzug zu bewegen.

Die Goten hatten nach mehreren Etappen um 230 das Nordufer des Schwarzen Meeres erreicht. Dort hatten sie sich mit sarmatischen und bastarnischen Gruppen durch Vorherrschaft, Bündnis und friedliche Mischung zusammengetan, ohne daß wir die einzelnen Verbindungsformen heute noch genau trennen können. Mösien und Thrakien bekamen die Stoßkraft dieser Vereinigung zuerst zu spüren. 251 führte der Gotenkönig Cniva eine Koalition mehrerer Stämme an, der Kaiser Decius und sein Sohn beim mösischen Abrittus unterlagen. Der Friede, den ihr Nachfolger Trebonianus Gallus schloß und durch Zahlungen vergoldete, hinderte die Goten nicht, 252 in Kleinasien, 254 in Makedonien und 256 in Griechenland zu plündern und ihre Raubzüge zu Land durch Piratenfahrten in der Ägäis auszuweiten. 268 traf die Donauprovinzen und Griechenland ein kombinierter Angriff zu Wasser und zu Land, den Kaiser Gallienus und im folgenden Jahr sein Nachfolger Claudius Gothicus nur mit Mühe parieren konnten. Erst der Sieg, den Aurelian 272 in der ungarischen Tiefebene errang, dämpfte die gotische Angriffs- und Beutelust. Zur Beruhigung an der Donaugrenze trug der Entschluß des Kaisers bei, die Provinz Dacia aufzugeben. Einen Teil der Provinzialen siedelte er südlich der Donau in einem Gebiet zwischen Mösien und Pannonien an, das als Dacia ripensis den Namen der ehemaligen Provinz weiterführte. Mit der zurückgebliebenen Bevölkerung teilten sich Goten, Taifalen und andere germanische Gruppen das Land. Für die Goten war die Ansiedlung ein Schritt, der zur Trennung zwischen den Terwingen, den späteren Westgoten, und den Greutungen, den späteren Ostgoten, führte. Das Hauptgebiet der Greutungen lag fortan nördlich des Schwarzen Meeres zwischen Dnestr und Dnepr. Zwischen Terwingen und Greutungen war kein Platz mehr für die Bastarner, und bevor sie wieder Unruhe zu stiften begannen, gab 279 Kaiser Probus 100 000 von ihnen Land in Mösien und Thrakien.

Die Gotenzüge zwischen 238 und 272 hatten auch Bewegung in die Stämme an der mittleren Donau gebracht. Quaden und Sarmaten fielen mehrmals in Pannonien ein, und die Stoßwelle setzte sich nach Westen fort. Zwischen Unterrhein und Weser hatte sich inzwischen ein weiterer großer Stammesverband gebildet, die Franken. Einen Hinweis gibt wie bei den Alamannen ihr Name, der für die Zeit um 245 erstmals in einer lateinischen Quelle erscheint: Die „Historia Augusta" berichtet in der Biographie Aurelians, der spätere Kaiser habe damals als Legionstribun eine Frankenschar vernichtet, die nach Gallien durchgebrochen war (7,1–2). Die Überlieferung zur Folgezeit nennt verschiedene Stämme, die sich zu den Franken zählten: Amsivarier, Brukterer, Chamaven und Chattuarier. Bei Ammian finden sich dann die Salier als einer ihrer Hauptzweige (17,8,3). Die Gefahr, die der neue Bund für die angrenzenden römischen Provinzen brachte, spiegelt sich in der zeitgenössischen Deutung des Namens, der allerdings nicht alle Sprachwissenschaftler folgen: Nach älteren Vorlagen erklärte im 6. Jahrhundert das etymologische Lexikon des Isidor von Sevilla, Franken seien diese Germanen „nach der Roheit ihrer Sitten genannt worden, denn sie sind von unzivilisiertem Benehmen und einer natürlichen Wildheit des Gemüts" (9,2,101). Das Band, das die frühen Franken einte, waren zunächst wohl nur, wie bei den Alamannen, die Züge, die Kriegergruppen der einzelnen Stämme gemeinsam unternahmen. Zwischen 253 und 260 fielen sie mehrmals in Gallien ein, und 257 gelang es einer Schar sogar, bis Tarragona vorzudringen und die Stadt zu erobern. Es scheint, als hätten sie sich mit den Alamannen abgesprochen, die in diesen Jahren das Decumatenland und die Provinz Rätien heimsuchten, in Südgallien einfielen und von dort nach Oberitalien marschierten. Erst im Spätsommer 260 gelang es Gallienus, sie bei Mailand zu stellen und zu schlagen. Die alamannischen Juthungen, die durch Rätien ins östliche Oberitalien vorgestoßen waren und beutebeladen zurückkehrten, trafen bei Augsburg auf Gallienus' rätischen Statthalter Simplicianus Genialis. Er siegte und jagte ihnen „Tausende von italischen Gefangenen" ab, wie seine vor wenigen Jahren gefundene Siegesinschrift rühmt.

Die Erfolge wurden durch das Schicksal Kaiser Valerians verdunkelt, der im selben Jahr in persische Gefangenschaft geriet. Sie reichten auch nicht aus, um eine Entwicklung zu verhindern, die erstmals den Bestand des Reiches in Frage stellte: 260 wurde Cassianius Postumus, der Statthalter Niedergermaniens, in Köln zum Gegenkaiser ausgerufen, und es dauerte nicht lange, bis ihn die gebeutelten Provinzen Gallien, Rätien und Spanien sowie Britannien anerkannten. Von einem eigenen Kaiser erhofften sie sich besseren Schutz, und Postumus enttäuschte ihre Erwartungen nicht. Gallienus kam den Provinzialen vorläufig entgegen und ließ den Gegenkaiser gewähren. Postumus' militärische Erfolge, dazu die Kämpfe gegen die Goten an der Donau sowie Usurpationen in anderen Reichsteilen ließen dem Kaiser keine andere Wahl. In kurzer Zeit konnte Postumus durch Verträge mit den Germanen, durch Jahreszahlungen und die Einstellung germanischer Reiter seine Herrschaft so weit festigen, daß Gallienus 265 mit dem Versuch, ihn zu entmachten, scheiterte. Umstritten ist, ob bereits 260 der Limes mit dem Decumatenland aufgegeben wurde. Doch in den folgenden Jahren wurde zwischen Bodensee und Donau entlang der Iller eine neue Verteidigungslinie errichtet. Die Erbauer dieses Donau-Iller-Limes mit seiner dichten Folge von Kastellen gingen sichtlich davon aus, daß das Land zwischen Rhein und Donau nicht mehr zu halten oder schon verloren war.

Im Osten, in Palmyra, wo sich der Klientelfürst Odaenathus gegen die Perser bewährte, lockerte sich seit 260 ebenfalls die Bindung an Rom. Sie riß 269, als Odaenathus' Witwe Zenobia Palmyra zu einem unabhängigen Fürstentum erklärte. Die Wende kam hier wie an der Donau und in Gallien mit Aurelian, der Schritt für Schritt das Kaisertum festigte. 271 schlug er ein Alamannenheer, das in Oberitalien eingefallen war, 272 beendete er die Selbständigkeit Palmyras und 274 die des Gallischen Sonderreiches. Eine Voraussetzung dazu hatte Gallienus mit einer Heeresreform geschaffen. Er konzentrierte die Reiterei der Legionen und Hilfstruppen in neuen Einheiten und gliederte gefährdete Grenzabschnitte in Kommandobezirke mit je einem Führer, einem *dux*, an der Spitze, der schneller auf Einfälle reagieren konnte. Städte in den Grenzprovinzen mußten sich befestigen oder ihre Befestigungen verstärken. Aurelian machte sogar Rom durch die Aurelianische Mauer, 19 Kilometer lang und 6 Meter hoch, zur Festung und verriet damit, welche Befürchtungen die Alamanneneinfälle in Oberitalien geweckt hatten. Als Wiederhersteller des Erdkreises, *restitutor orbis*, feierten ihn Münzen. Doch sein Thron blieb unsicher, und als er 275 nach Osten marschierte, wo die Goten erneut Kleinasien durchzogen, verlängerte er die Liste der Kaiser, die von der Hand ihrer eigenen Soldaten fielen. Das Karussell konkurrierender Kaiser begann sich wieder zu drehen. Aurelius Probus gelang es immerhin, sich sechs Jahre, von 276 bis 282, an der Macht zu halten. Dazu trug sein energisches Vorgehen am Rhein gegen Franken und Alamannen 276 bei, seine Kämpfe gegen Vandalen und Burgunder in Rätien 278, sein Feldzug an der mittleren Donau 279 und schließlich ein annehmbarer Friede mit Persien 280, bevor auch er von seinen Truppen ermordet wurde. Dem kurzlebigeren Nachfolger Carinus gelang 283 wenigstens ein Sieg über die Quaden.

Die Erfahrung eines halben Jahrhunderts, in dem Soldaten zwischen Reichsverteidigung und Eigeninteressen bald hier, bald dort Kaiser erhoben und stürzten, veranlaßte Diocletian, der 284 ebenfalls durch einen Putsch an die Macht gekommen war, zu einer Verfassungsreform, um diesen verhängnisvollen Kreislauf zu durchbrechen und die Abwehrkraft des Reiches zu stärken. Es gelang ihm, eine Krisenzeit zu beenden, die mehr noch als der Markomannenkrieg Züge aufwies, die sich in der Völkerwanderung wiederfanden. Im Rückblick auf die Lage, in der sich das Reich um 260 befand, schrieb hundert Jahre später der Historiker Aurelius Victor, der sonst nicht zu Pathos neigte in seinem „Buch über die Kaiser": „Während gleichsam die Stürme ringsum tobten, wurden Klein und Groß, Hoch und Niedrig durcheinandergewirbelt" (33,4). Diocletian, aus Illyrien stammend, ernannte 285 seinen Landsmann und Waffengefährten Maximianus zum Caesar, 286 zum Mitkaiser und übertrug ihm den Westen des Reiches, während er den Osten übernahm. 293 erweiterte er die Doppelspitze zur Tetrarchie: Beide Kaiser adoptierten je einen Helfer mit dem Titel Caesar, der über einen eigenen Reichsteil herrschen und nach zwanzig Jahren an die Spitze nachrücken sollte: Galerius, der Caesar Diocletians, erhielt Illyrien, Makedonien und Griechenland, Constantius, Maximians Caesar, Gallien, Spanien und Britannien. Noch als Caesar hatte Maximian den Aufstand der Bagauden in Gallien niedergeschlagen, eine Bewegung verarmter Hirten und Bauern, die sich sogar zwei eigene Kaiser gegeben hatten. Zum Kaiser erhoben vertrieb Maximian Alamannen, Burgunder und Heruler aus Gallien, stieß dann über den Rhein vor und verhalf einem romfreundlichen Frankenkönig zur Herrschaft. Sein Flottenkommandant Carausius säuberte 286 die gallische Küste von fränkischen und sächsischen Seeräubern. Die Sachsen waren nach Alamannen und Franken ein weiterer Stammesverband, der sich im 3. Jahrhundert bildete. Von ihrem Siedlungsgebiet zwischen Unterelbe und Niederrhein unternahmen sie gefürchtete Piratenzüge die Küste entlang und nach Britannien. Während Maximian am Mittelrhein operierte, griff Diocletian 288 von Rätien aus die Alamannen an. Sein nächster Schlag galt den Sarmaten, bevor er sich wieder der Perserfront zuwandte. Zeitgenössische Redner feierten die Eintracht der Kaiser als neue Grundlage des Reiches. Usurpatoren ließen sich allerdings auch jetzt nicht abschrecken. Carausius griff mit Hilfe fränkischer Söldner noch 286 nach der Krone und konnte sich bis 293 in Britannien halten. Er wurde von seinem Gefolgsmann Allectus ermordet, der 296 Constantius unterlag. Der Caesar hatte zuvor Franken und Friesen am Niederrhein besiegt. Viele Gefangene führte er nach Gallien, wo er sie als *laeti* ansiedelte. Diese Läten, deren Freiheit eingeschränkt war, bebauten vornehmlich Staatsland und waren zum Wehrdienst verpflichtet.

Trotz einiger Rückschläge wirkte sich die Herrschaftsteilung der ersten Tetrarchie, die keine Reichsteilung war, insgesamt günstig auf die Verteidigung der Reichsgrenzen aus. Auch als in der zweiten Tetrarchie, die 305 nach dem Rücktritt Diocletians und Maximians folgte, Gegensätze aufbrachen, waren die Machthaber darauf bedacht, ihre Gebiete nach außen zu sichern. Nur so konnten sie der Gefahr einer Usurpation begegnen. Constantin, später der Große genannt, der 306 die Herrschaft seines verstorbenen Vaters übernahm, sorgte zunächst durch Kämpfe rechts und links des Rheins, durch Verträge mit Germanenstämmen und durch Befestigungsbauten für den Schutz Galliens. Der Bau der Rheinbrücke bei Köln, die ein mächtiges Kastell am rechten Rheinufer sicherte, und die Hinrichtung zweier Frankenkönige, die in Trier im Amphitheater wilden Tieren vorgeworfen wurden, waren Machtdemonstrationen, die die germanische Angriffslust dämpften. Constantin schuf sich so eine Basis, von der aus er 312 gegen Maxentius, den Sohn Maximians, zog, um dessen Reichsteil, Italien und Africa, zu übernehmen. 313 ging er an die Rheinfront zurück, und weitere Feldzüge gegen die Franken folgten. 323 waren die Stämme jenseits von Rhein und Donau so weit befriedet, daß sie Constantin keine Schwierigkeiten mehr bereiteten, als er 324 mit Licinius um die Alleinherrschaft kämpfte. Die letzten Jahre seiner Regierung beschäftigte ihn noch einmal die Donaugrenze, und er plante, Dakien zurückzugewinnen. Den Sarmaten kam er 332 erst gegen die Goten zu Hilfe, dann ging er 334 gegen sie selbst vor. Nach alter römischer Praxis nutzte er dabei Gegensätze zwischen den Stämmen und innerhalb der Stämme aus und führte unterlegene sarmatische Stammesteile über die

Donau. 300 000 Menschen siedelte er in Thrakien, Makedonien und Italien an und gliederte weitere Kontingente in die Armee ein. Schon Diocletian hatte Ansätze des Gallienus aufgenommen, die Constantin fortsetzte: Das Heer wurde in eine mobile Feldarmee, die den Kaiser begleitenden *comitatenses*, geteilt und in *limitanei* oder *ripenses*, die unter einem *dux* jeweils einen Grenzabschnitt zu schützen hatten. Constantin brach auch mit einer uralten römischen Tradition, als er Zivil- und Militärgewalt trennte. Den militärischen Oberbefehl gab er zwei Heermeistern, *magistri militum*, von denen der *magister equitum* die Reiterei, der *magister peditum* die Fußsoldaten kommandierte. Später erhielten die einzelnen Reichsteile ebenfalls Heermeister. An die Spitze der Zivilverwaltung trat der Prätorianerpräfekt, *praefectus praetorio*, der sich im weiteren Verlauf mit drei Kollegen in die Verwaltung der Reichssprengel Italien, Gallien, Illyricum und Orient teilte.

Constantins Söhne Constantin II., Constantius II. und Constans, die nach dem Tod des Vaters 337 die Herrschaft wieder teilten, lieferten unfreiwillig den Beweis, wie wichtig eine einvernehmliche Reichsführung für die Ruhe an den Grenzen war. Denn nachdem sich Constantin und Constans wegen der Machtverteilung im Westen überworfen hatten, machten sich die Franken den Streit zunutze und fielen in Gallien ein. Constans besiegte und tötete seinen Bruder bei Aquileia und gewann dessen Armee, mit der er 342 die Franken schlug. Fränkischen Siedlern erlaubte er danach, sich zwischen Waal und Rhein niederzulassen. 350 scheuten sich gallische Truppen nicht, erstmals einen gebürtigen Germanen, den Offizier Magnentius, zum Kaiser zu erheben, der Constans beseitigte. Um Constantius im Osten die Anerkennung abzutrotzen, verstärkte der Usurpator sein Heer durch zahlreiche germanische Söldner. Doch sein Widerpart ließ sich nicht erpressen, und er besiegte Magnentius 351 bei Mursa in einer der blutigsten Schlachten des Jahrhunderts. Zuvor soll er sogar Alamannen veranlaßt haben, gegen den Usurpator in Gallien einzufallen. Die Überlieferung, die Constantius diese Strategie unterstellt, zog ihren Schluß aus den neuerlichen Unternehmungen alamannischer und fränkischer Trupps, die damals Gallien verwüsteten. Wie schütter Roms Herrschaft dort geworden war, zeigte Constantius' Gegenmaßnahme. Er schickte 353 eigens den Heermeister Silvanus, einen Franken, an den Rhein, den jedoch die widersprüchliche Politik des Hofes 355 in die Usurpation trieb. Constantius wußte sich nur dadurch zu helfen, daß er ihn von einem Sonderkommando in Köln ermorden ließ. Einer der Teilnehmer war der Historiker Ammianus Marcellinus. Er schrieb später, Silvanus habe angesichts der sein Leben gefährdenden Hofintrigen keine andere Wahl gehabt, als nach dem Purpur zu greifen. Denn wäre er zu seinen ehemaligen Stammesgenossen geflohen, so hätten die ihn getötet oder gegen Geld ausgeliefert (15,5,16). Die sogenannten Reichsgermanen, von denen immer mehr in die hohen Offiziersstellen aufstiegen, saßen leicht zwischen den Stühlen, wenn es zu Konflikten kam, bei denen bisweilen auch eine antigermanische Stimmung mitspielte. Oft hochgebildet wie Silvanus, konnten sie auch nicht mehr in die alte Heimat zurück, wenn man dort mit Rom gerade auf Kriegsfuß stand und die Heimkehrer daher als Verräter betrachtet hätte.

Eine glücklichere Hand hatte Constantius, den die Perserfront im Osten verlangte, als er Ende 355 seinen Vetter Julian zum Caesar für Gallien erhob. Der völlig unerfahrene junge Mann, der sein Studium in Athen abbrechen mußte, erwarb sich durch die Energie, mit der er sein Amt in zunehmender Eigenständigkeit ausfüllte, rasch die Zuneigung der Truppen und der Zivilbevölkerung. Als Heerführer schonte er sich nicht, und es gelang ihm in den nächsten fünf Jahren, die Rheinfront zu stabilisieren. Seinen größten Erfolg errang er im Sommer 357 bei Straßburg, wo er eine alamannische Koalition aus mehreren Stämmen schlug und ihren Oberkönig Chnodomar gefangennahm. Auch die Franken am Niederrhein bekamen seine harte Hand zu spüren. Strikt unterband er außerdem bei den Läten und bei anderen germanischen Neusiedlern alle Selbständigkeitsbestrebungen. Mit zwei Zügen über den Rhein, 357 im Anschluß an die Schlacht bei Straßburg und dann wieder 359, unternahm er erste Schritte, um das verlorene rechtsrheinische Gebiet zurückzugewinnen. Als er 360 von seinen Soldaten zum Kaiser ausgerufen wurde und 361 gegen den unversöhnlichen Constantius zog, erntete er die Früchte seiner Arbeit. Constantius gelang es nicht, eine Alamannenfront gegen ihn aufzubauen. Alamannen und Franken blieben auch ruhig, als Constantius 361 überraschend starb und seinem Vetter die Alleinherrschaft zufiel. Julian kehrte nicht mehr in den Westen zurück, sondern nahm 363 den Krieg gegen Persien auf, den er nicht überlebte. Selbst der nachfolgende rasche Herrscherwechsel vom kurzlebigen Jovian zu Valentinian löste an Rhein und Donau zunächst keine Bewegung aus. Valentinian, der sich seinen Bruder Valens zum Mitherrscher für den Osten des Reiches wählte, um selbst für den Westen frei zu sein, ließ von Anfang an keinen Zweifel, daß er die zupackende Germanenpolitik Julians fortführen werde. Ein erstes Zeichen setzte er, als zur Jahreswende 364/65 eine Alamannengesandtschaft in die Residenzstadt Mailand kam, um vom Kaiser die üblichen Geschenke für das Wohlverhalten ihrer Stämme abzuholen. Die mageren Gaben, zu denen Valentinian sich nur verstand, empfanden sie als Beleidigung, und Einfälle nach Gallien 365 und 366 waren die Antwort. Die römische Erwiderung folgte noch 366, und von 368 bis 371 unternahm Valentinian Feldzüge über den Rhein in alamannisches Gebiet. Zwischen 367 und 369 überschritten Valens und seine Generäle auch mehrmals die Donau gegen die Goten. Große Siege errangen sie nicht, aber der Kaiser wies die Stammesteile, die 365–366 den Usurpator Procopius unterstützt hatten, in die Schranken und verschaffte der Flußgrenze wieder Respekt. Die militärischen Schläge wurden von umfangreichen Befestigungsarbeiten an beiden Ufern von Rhein und Donau begleitet. Eine Schutzzone jenseits der Flüsse war das Ziel der beiden Kaiser. Neue Verträge, die Valentinian mit romfreundlichen Stammeskönigen und mit den Burgundern schloß, die östlich der Alamannen siedelten, sollten die romfeindlichen Stämme an die Kandare legen. Der Heermeister Theodosius der Ältere, der Vater des späteren Kaisers Theodosius I., war dabei Valentinians wichtigster Helfer. 368 besiegte er, wahrscheinlich von

Britannien aus, sächsische und fränkische Piraten, die wieder die Nordseeküsten heimsuchten. Daß Britannien dem Reich nicht verloren ging, war ebenfalls sein Verdienst. 370 schlug er in Rätien Alamannen und siedelte anschließend eine große Zahl von Kriegsgefangenen in Oberitalien an. 372 führte er die Reiterei auf Valentinians Zug gegen Alanen und Quaden an der mittleren Donau. Seit 373 stand er in Mauretanien gegen den Usurpator Firmus, den er 375 überwand. Um so unverständlicher war, daß ihn Valentinian im selben Jahr einer Hofintrige opferte. Auch der Kaiser starb 375 während eines weiteren Zuges gegen die Quaden. Sein Sohn Gratian, seit 367 Mitaugustus, übernahm unangefochten die Regierung, obwohl er erst 16 Jahre alt war. Um die Dynastie zusätzlich zu sichern, erhoben Soldaten seinen vierjährigen Halbbruder Valentinian II. ebenfalls auf den Thron. Am Rhein wirkte die Politik ihres Vaters noch einige Zeit nach. Erst nachdem die alamannischen Lentienser 377 erfahren hatten, Gratian werde seinem Onkel Valens Truppen gegen die Goten schicken und selbst nach Osten gehen, überquerten sie im Februar 378 mit einem grossen Heer den zugefrorenen Rhein. Doch zwei Generäle zeigten ihnen im Elsaß, was sie bei Valentinian gelernt hatten. 30 000 Alamannen mit ihrem König sollen gefallen sein. Die Zahl ist übertrieben, hat aber einen historischen Kern: Fortan gab es den Stamm der Lentienser nicht mehr. Überreste, die in den Schwarzwald entkommen waren, zwang Gratian auf dem Weg nach Osten zu einem Vertrag, der sie verpflichtete, Soldaten zu stellen. Wenige Monate, bevor die Niederlage von Adrianopel das Reich erschütterte, hatte der Westen die Germanengefahr wieder einmal gebannt, und es schien, daß das Valens im Osten ebenfalls gelingen werde. Doch auch dann noch wäre Tacitus' Urteil vom Jahre 98 angebracht gewesen, nur mittlerweile über 490 Jahre römisch-germanischer Beziehungen: „So lange schon wird Germanien besiegt". Niemand konnte ahnen, daß die Gefahr, die sich im Osten zusammenbraute, am Ende den Westteil des Reiches treffen und daß das alte Rom darüber zerbrechen werde, während der Ostteil mit Konstantinopel, dem „neuen Rom", die Krise besser bewältigte.

VI. Von der Niederlage von Adrianopel zum Fall Roms 378–410

Selbst wenn der neunzehnjährige Gratian nach Valens' Tod vor-
gehabt hätte, mit seinem siebenjährigen Bruder Valentinian II.
allein zu regieren – die Jugend beider Kaiser legte das Schicksal des Reiches in die Hand der Generäle. Gratian wußte
das und berief den jüngeren Theodosius, der sich als Dux in
Mösien bewährt hatte, zum Heermeister. Die Berufung war
auch eine Wiedergutmachung für das, was man seinem Vater,
Valentinians fähigstem Helfer, angetan hatte. Theodosius vertrieb sogleich die Sarmaten, die im Schatten von Valens' Niederlage die Donau überschritten hatten. Ein anderer Heermeister, Julius, gab in seinem Kommandobereich im Osten den
Geheimbefehl aus, alle gotischen Söldner, die dort stationiert
waren, an einem Tag zu ermorden. Sie sollten nicht zu Stoß-
trupps werden, falls die Sieger von Adrianopel versuchen würden, nach Kleinasien überzusetzen. Diese plünderten unterdes-
sen Thrakien aus, scheiterten aber an Adrianopel, Konstantinopel und anderen befestigten Städten. Am 19. Januar 379
erhob Gratian Theodosius zum Mitkaiser für den Osten. Der
Schritt wurde nötig, weil mittlerweile Franken und Alamannen seine Abwesenheit nutzten und erneut Gallien überfielen.
Die Reorganisation des Heeres war die dringendste Aufgabe
des neuen Kaisers, und er scheute sich nicht, willige Goten in
die Armee aufzunehmen. Der erste Zusammenstoß mit Fritigern 380 führte allerdings zu einer Niederlage. Da gotische
Scharen ihre Streifzüge bis Pannonien ausdehnten, mußte Gratian noch einmal vom Rhein an die Donau kommen. Aber
auch er konnte die Eindringlinge nicht mehr vertreiben. Daher
schloß er einen Vertrag mit ihnen und gab ihnen Land in Pannonien. Nach bisherigem Brauch wurden sie steuerpflichtige
Unterworfene, *dediticii.* Von dieser Regel wich erstmals Theodosius ab, nachdem er eingesehen hatte, daß er die Goten weder unterwerfen noch über die Donau zurückjagen konnte,
sondern fortan mit ihnen in seinem Reichsteil auskommen

mußte. Im Oktober 382 suchte er daher einen Schlußstrich unter die vergangenen sechs Jahre zu ziehen. Er ging mit den Goten einen Vertrag ein, der sie zu Föderaten machte, die nicht mehr wie bisherige Föderaten außerhalb der Reichsgrenzen lebten, sondern Reichsangehörige wurden und in Mösien, Dacia ripensis und Thrakien in einer gewissen Autonomie lebten. Wie bei externen Föderaten war ihre wichtigste Verpflichtung, Soldaten zu liefern. Wo genau die Autonomie endete, mußte sich in Zukunft erweisen. Manchem am Hofe des Kaisers schien die Neuerung ein gefährlicher Präzedenzfall zu sein. Um Bedenken zu zerstreuen, sprach daher der Redner Themistius in seiner Lobrede auf Theodosius die Erwartung aus, daß es mit den Goten wie mit den Galatern gehen werde: Nachdem diese Keltenstämme vor mehr als sechshundert Jahren in Kleinasien eingedrungen waren, ließen römische Politiker sie trotz mancher Feindseligkeiten gewähren, und so wurden sie schließlich doch noch zu guten Römern, die jetzt niemand mehr Barbaren zu nennen wage (16,211 C–D). Unausgesprochen prophezeite der Vergleich allerdings, daß die Goten dem Kaiser noch manche Schwierigkeiten bereiten würden. Themistius sollte recht behalten. Zwar stellten die Goten Truppen, als Theodosius 388 in den Westen gegen den Usurpator Magnus Maximus zog, dem 383 Gratian zum Opfer gefallen war; und noch größer war ihr Aufgebot, aber auch ihr Blutzoll, 394 am Frigidus, wo der Kaiser den Usurpator Eugenius besiegte, der 392 Valentinian II. gestürzt hatte. Aber schon 391 hatte sich gezeigt, wie eigenständig und eigenwillig die Germanen innerhalb des Reiches zu werden drohten. In diesem Jahr sammelte der junge westgotische Häuptling Alarich eine Schar, mit der er in Thrakien Theodosius entgegentrat und die kaiserlichen Truppen besiegte. Der Spielraum der Goten nahm noch zu, als Theodosius 395 starb und seine beiden Söhne, Arcadius im Osten und Honorius im Westen, die Nachfolge antraten. Denn der eine war achtzehn, der andere elf Jahre alt. Selbständig zu regieren waren sie vorerst gar nicht fähig, und ihre Fähigkeit und Selbständigkeit hielt sich auch später in Grenzen. Die erste Generation ihrer Helfer hatte ihnen noch ihr Vater ausgesucht. Im Westen übernahm der Heermeister Stilicho das Regiment, ein geschickter Politiker und Stratege wandalischer Abstammung, der Honorius zu seinem Schwiegersohn machte und sich mit einer Nichte des Theodosius verheiratete. Da die Machthaber an beiden Höfen gegeneinander arbeiteten, vertrugen sich auch ihre Herren, die kaiserlichen Brüder, nicht besonders gut, so daß die zwei Teile des Reiches, das nominell wie bisher eine Einheit bildete, auseinanderzudriften begannen.

Alarich war der erste Germane, der daraus seinen Vorteil zog. Mit Goten, die am Kampf gegen Eugenius teilgenommen hatten, und mit weiteren Stammesgenossen, die inzwischen über die Donau nachgekommen waren, zog er 395 plündernd durch Griechenland, bis Stilicho ihm mit einem großen Heer entgegentrat. Damit verließ der Heermeister allerdings die Grenzen des westlichen Reichsteiles, weshalb ihn Arcadius, der Expansionsgelüste des Westens vermutete, zum Rückzug zwang. Stilicho, der wußte, daß hinter Arcadius der Praefectus praetorio Rufinus stand, gehorchte, und Alarich plünderte weiter. 397 wiederholte sich das Spiel, dieses Mal in Konstantinopel mit dem Eunuchen Eutropius als Drahtzieher, bis Arcadius den Bock zum Gärtner machte: Er ernannte Alarich zum Heermeister für den Reichssprengel Illyricum, der die Balkanhalbinsel bis zur Donau umfaßte. Nach dem Föderatenvertrag von 382 war das ein weiterer, ebenso zukunftsweisender wie gefährlicher Schritt. Stilicho und andere Germanen, die Heermeister geworden waren, hatten sich als römische Bürger in römischen Diensten hochgearbeitet. Jetzt aber wurde ein unabhängiger Gotenfürst – einige Quellen geben ihm sogar den Königstitel – mit einem Territorialkommando ausgestattet, in das ihm im Grunde niemand mehr hineinreden konnte und das seine Mannen zu regulären Soldaten machte. In Makedonien erhielten sie Land, und um sie auszurüsten, wurden Alarich die Waffenfabriken seines Sprengels unterstellt, die sonst nicht dem Heermeister unterstanden. Jetzt waren Stilicho endgültig die Hände gegenüber seinem Heermeisterkollegen gebunden.

Auch der Fall des Goten Gainas zeigte, wie schwach Arcadius war: Gainas, der zusammen mit Alarich gotische Truppen gegen Eugenius geführt hatte, ging nach Theodosius' Tod mit seinen Stammeskriegern nach Konstantinopel. Auf Stilichos Veranlassung ermordete er dort dessen Widerpart Rufinus. Arcadius setzte ihn dann gegen einen anderen Goten, Tribigild, ein, der in Kleinasien eine Revolte angezettelt hatte. Da Gainas wenig ausrichtete, war der Verdacht nicht weit, er habe seinen Herrn verraten. Trotzdem ernannte ihn Arcadius zum Heermeister, nur um bald darauf zusehen zu müssen, wie Gainas die Hauptstadt besetzte. Nach mehreren Monaten vertrieb ihn ein Bürgeraufstand, der siebentausend seiner Leute das Leben kostete. Religion trug zum Haß auf die Goten bei. Denn die Mehrzahl von ihnen bekannte sich inzwischen zum arianischen Glauben, der Christus nicht für wesensgleich mit dem Vater hielt, sondern in ihm nur den von Gott gezeugten wesensähnlichen Sohn sah. Der gotische Bischof Ulfila oder Wulfila, der die Bibel ins Gotische übersetzte und eifrig missionierte, hatte großen Anteil daran, daß sich der Arianismus unter den Germanen verbreitete. In Konstantinopel forderte Gainas für seine Goten eine eigene arianische Kirche, scheiterte aber an Bischof Johannes Chrysostomus, der die katholischen Einwohner hinter sich hatte.

Gainas blieb eine Randerscheinung, die lokale Verwirrung stiftete. Alarich war dagegen von anderer Statur, und nachdem er vier Jahre Ruhe gehalten hatte, forderte er Italien heraus. In Konstantinopel sah man es nicht ungern, daß er im Herbst 401 über die Alpen nach Aquileia zog. Die gutbefestigte Stadt hielt ihm stand, aber kleinere Städte Oberitaliens konnte er einnehmen. Als er gegen Mailand vorrückte, verließ der erschrockene Honorius die Residenzstadt und verlegte den Sitz der Regierung nach Ravenna, dessen umliegende Sümpfe besseren Schutz versprachen. Stilicho sammelte während des Winters ein Heer, das er durch Germanenkontingente verstärkte, und drängte die Goten im Frühjahr 402 nach Südwesten. Bei Pollentia und im Sommer bei Verona zog Alarich bei Kämpfen jedesmal den kürzeren. Glimpflich davon kam er am

Ende nur, weil ihm Stilicho das Versprechen abnahm, dem Westen die zu seinem Heermeistersprengel gehörenden illyrischen Provinzen zu verschaffen. Den Bruch mit Ostrom nahm der Gote in Kauf, zumal er nun Heermeister von Honorius' Gnaden wurde, der Kaiser des Westens also letztlich den Bruch zu verantworten hatte. Aber der Plan, der einen von Alarich unterstützten Angriff des Westens vorsah, scheiterte, denn den Hof in Ravenna plagten plötzlich andere Sorgen. Inzwischen hatte sich nämlich jenseits der Donau eine neue Gotenkoalition gebildet, die Pannonien und Noricum überrollte und 406 Italien erreichte. An ihrer Spitze stand der König Radagais, dem sich alanische und hunnische Gruppen anschlossen und der selbst Gefolgsleute Alarichs anzog. Die Horden belagerten Florenz, das Stilicho jedoch entsetzen konnte. Hunnische Reiter waren seine besten Helfer, und er hatte das Glück, daß ihm Radagais bei einem Durchbruchsversuch in die Hände fiel. Nach seiner Hinrichtung waren die kopflosen Haufen kein Gegner mehr. Einen Teil der Goten, die sich ergaben, reihte Stilicho in sein Heer ein; viele andere wurden auf den Sklavenmärkten verkauft, wo das plötzliche Massenangebot die Preise purzeln ließ.

Eine zweite Germanenwelle, die sich wenig später Gallien näherte, hatte Folgen, die weiter reichten. Schon gegen Alarich und dann wieder gegen Radagais mußte Stilicho Truppen von der Rheingrenze abziehen. Föderierte Franken sollten sie ersetzen. Ihre Bewährung kam 406: Vandalische Scharen, die, von Hunnen oder Goten bedrängt, seit 400 ihre Wohnsitze an der mittleren Donau verlassen hatten und nach Westen gezogen waren, suchten nun in Gallien einzudringen, wurden aber von den Franken zurückgeschlagen. Ihr König Godegisel fiel, doch sein Sohn Gunderich unternahm zusammen mit Sueben und Alanen einen zweiten Versuch. Dies Mal unterlagen die Franken, und am letzten Tag des Jahres 406 wälzte sich der Strom der Sieger, dazu Alamannen und Burgunder, zwischen Mainz und Worms über den zugefrorenen Rhein. Selbst in Britannien fürchtete man, die neue Welle werde auf die Insel überschwappen. Daher riefen die dortigen Truppen einen der

Ihren mit dem vielversprechenden Namen Constantin zum Kaiser aus, da sie bei einer Invasion vom Kaiser in Italien keine Hilfe mehr erwarteten. Der neue Herrscher Constantin III. setzte auf das Festland über, wo die gallischen Einheiten nur auf ihn gewartet zu haben schienen. Sie schlossen sich ihm sofort an, und Spanien folgte. Dort machten allerdings Anhänger des Honorius die Entscheidung bald rückgängig. Ein Sieg über die Germanen festigte die Legitimität Constantins, und er ernannte seinen Sohn Constans zum Caesar. Da kam Stilicho der Gedanke, auf den Usurpator den Heermeister Alarich anzusetzen, der sich über das geplatzte Unternehmen in Illyrien so geärgert hatte, daß er in Noricum eingefallen war. Der Gote ließ sich seinen Groll erst einmal für 4000 Pfund Gold abkaufen. Der Kaufpreis war Wasser auf die Mühle der zahlreichen Gegner Stilichos, der den in ihren Augen entehrenden Handel etwas zu nachdrücklich betrieben hatte. Sie warteten nur auf eine Gelegenheit, um den übermächtig gewordenen Heermeister zu stürzen. Die Gelegenheit kam, als Arcadius im Mai 408 starb und Stilicho Anstalten machte, die Nachfolge in Konstantinopel zu regeln. Der Verdacht regte sich, er selbst wolle im Osten den Thron besteigen, worauf der mißtrauisch gewordene Schwiegersohn Honorius den Verschwörern die Hand reichte. Nicht einmal mehr das Kirchenasyl rettete Stilicho, und im August 408 wurde er hingerichtet. Damit war auch sein Plan erledigt, Alarich gegen Constantin marschieren zu lassen, und wie zur Bestätigung entzog Honorius dem Goten das Heermeisteramt. Der Kaiser ging sogar noch weiter und stellte Stilichos Plan auf den Kopf: Er erkannte Constantin III. als Mitherrscher an, um seine Unterstützung gegen Alarich zu gewinnen. Als Antwort führte der entlassene Heermeister seine Goten ein zweites Mal nach Italien, und um seine Macht auf spektakuläre Weise zu demonstrieren, zog er vor Rom. Er wollte die Römer, die sich entsetzt hinter ihren Mauern verschanzten, aushungern, geriet aber selbst in Versorgungsschwierigkeiten. Denn das Umland konnte seine Kriegerscharen nicht ernähren, zumal sein Schwager Athaulf mit einem weiteren Kontingent die Zahl der hungrigen Belagerer vermehrte. Um Druck auf den diplomatischen Verkehr mit Rom und Ravenna auszuüben und die Hinhaltetaktik des Honorius zu durchkreuzen, erhob Alarich Ende 409 den römischen Stadtpräfekten Attalus zum Kaiser, der ihm sogleich den ersehnten Heermeistertitel zurückgab. Folgerichtig marschierte Alarich nun nach Ravenna gegen den für ihn illegitim gewordenen Honorius, mußte sich aber vor einem gotischen Konkurrenten, Sarus, zurückziehen. Die staatsrechtliche Farce war im Sommer 410 zu Ende, als sich Honorius auf neue Verhandlungen einließ. Als auch sie scheiterten, marschierte Alarich wieder gegen Rom, das eine weitere Hungersnot nicht mehr durchstand. Am 24. August 410 fiel die Stadt den Goten in die Hände, die sie drei Tage lang nach Herzenslust plünderten; wenigstens das Asylrecht der Kirchen sollen sie respektiert haben.

Militärisch war der Fall Roms, das nicht länger politische Hauptstadt war, ohne Bedeutung. Aber vor dem Hintergrund einer zwölfhundertjährigen Geschichte war die Symbolkraft der Katastrophe, die das ewige Rom, das geistige Zentrum des Heidentums, getroffen hatte, ungeheuer, und Christen und Heiden rangen auf ihre Weise um Erklärungen. Bischof Augustinus von Hippo machte Roms Fall zum Ausgangspunkt seines größten Werkes, des „Gottesstaates". Alarich allerdings mußte Ende August 410 schleunigst weiterziehen, um seine Soldaten ernähren zu können. Nächstes Ziel war das römische Africa, die Kornkammer Italiens, und hätten die Goten sie erreicht, so wären sie aller Brotsorgen ledig gewesen. Aber nachdem ein Vortrupp in den Strudeln der Straße von Messina ertrunken war, kehrte der abergläubische Alarich um. Noch in Süditalien erlag er überraschend einer Krankheit. Umstritten ist, ob er mit all seinen Schätzen ein Grab im Busento erhielt, wie die Gotengeschichte des Jordanes berichtet. Ihr folgt die Ballade des Grafen Platen, eine Perle früherer deutscher Lesebücher.

VII. Vom Fall Roms
zum Fall des weströmischen Kaisertums 410–476

Nachfolger Alarichs wurde Athaulf, der sofort den Königstitel annahm, den sein Schwager in den letzten Jahren geführt hatte. Für Italien änderte sich nichts: Die kaiserliche Regierung blieb machtlos wie bisher, und die Goten plünderten die Bevölkerung weiter aus. 412 verließen sie endlich das Land nach Norden. Gallien und Spanien, wo die Verhältnisse inzwischen noch wirrer geworden waren, lockten mit neuen Möglichkeiten. Der kurzzeitige Kaiser Attalus hatte sie Athaulf ausgemalt, um auf die Weise das ausgeblutete Italien von der gotischen Landplage zu befreien. Ein Brief des heiligen Hieronymus aus dem Jahre 409 beschreibt nach Augenzeugenberichten, wie es Gallien seit dem Einbruch vom 31. Dezember 406 ergangen war: „Worms fiel nach langer Belagerung. Reims, die mächtige Stadt, Amiens, Arras und die am Rande wohnenden Moriner, Tournai, Speyer und Straßburg: ihre Bewohner wurden nach Germanien verschleppt. In den Provinzen Aquitanien, Novempopulana, Lyon und Narbonne wurde alles bis auf wenige Städte verwüstet. Die Städte, die das Schwert nicht von außen heimsuchte, suchte im Innern der Hunger heim. Die Tränen kommen mir, wenn ich Toulouse erwähne, das sich bisher dank der Verdienste des heiligen Bischofs Exsuperius gehalten hat. Schon zittert selbst Spanien, das todgeweihte, Tag für Tag, erinnert sich des Kimberneinfalls und erleidet in dauernder Furcht, was die anderen bereits erlitten haben" (123,15). Aus Hieronymus' Bemerkung, die Bewohner gallischer Städte seien nach Germanien verschleppt worden, kann man schließen, daß es vor allem Kriegerscharen und Stammesgruppen waren, die 406 den Rhein überquert hatten. Andere Stammesteile blieben zurück und profitierten von den Erfolgen ihrer Genossen. Über Britannien sagt Hieronymus nichts. Als Constantin von dort nach Gallien ging, nahm er Truppen mit, die für die Verteidigung der Insel dringend nötig gewesen wären. Denn gerade zu der Zeit verstärkten sächsische Piraten ihre Plünderfahrten, während Iren und Picten vom Westen und Norden angriffen. Eigenständig organisierte der britannische Adel die Abwehr. Es war ein Schritt, der dazu beitrug, daß sich die nördlichen Provinzen vom Reich lösten und selbständig machten. Seit 410 ließen sich Sachsen endgültig auf der Insel nieder. Zum Teil waren sie als Föderaten gerufen worden, und sie zogen Angeln, Jüten und Friesen nach.

409 bekam Constantin III. in Spanien einen ersten Konkurrenten, Maximus, der sich jedoch nur bis 411 halten konnte. In diesem Jahr folgte ein zweiter Konkurrent, der gallische Adlige Jovinus. Ihn unterstützten der Alanenhäuptling Goar und der Burgunderkönig Gunderich. Wie Alarich 409 wollten sie ihren eigenen Kaiser haben. Für Constantin wurde es eng. Wohl hatte ihn Honorius zwischenzeitlich als Mitkaiser anerkannt, jetzt aber ließ er ihn in der Residenz Arles von seinem Heermeister Constantius belagern. Ein fränkisch-alamannisches Heer, das Constantins fränkischer Heermeister Edobichus heranführte, unterlag den Belagerern, und damit war das Schicksal des Usurpators besiegelt. Sehen wollte ihn Honorius nicht und befahl, ihn noch auf dem Weg nach Ravenna hinzurichten. Dem Jovinus kam Constantius vorerst nicht bei und ging nach Spanien. Nachdem der Usurpator zu den Burgundern und Alanen noch Alamannen und Franken angeworben hatte, bot sich ihm auch Athaulf an. Doch dessen Eigenwilligkeit machte der Freundschaft rasch ein Ende. Ihren Zwist nutzte Honorius' gallischer Präfekt Dardanus, um Athaulf auf die Seite des Kaisers zu ziehen. Jovinus mußte sich 413 in Valence ergeben und wurde hingerichtet. Athaulf hielt auch dem Kaiser nur kurze Zeit die Treue. Das Getreide, das Honorius ihm zugesichert hatte, blieb aus, so daß der Gote nicht, wie versprochen, das Faustpfand herausgab, das Alarich vor Rom 408 in die Hände gefallen und seitdem sorgsam gehütet worden war: Galla Placidia, die Tochter des Theodosius und Stiefschwester des Honorius. Gallien bekam Athaulfs Ärger zu spüren und litt nun unter den Goten, wie vorher Italien gelitten hatte. Während Marseille einem Handstreich trotzte,

mußten selbst die Städte Toulouse und Narbonne ihre Tore öffnen. Im Januar 414 heiratete Athaulf in Narbonne Galla Placidia. Der Eintritt des Germanenkönigs in das Kaiserhaus sollte ein Zeichen setzen für die spätere Einigung seines Volkes mit dem römischen Volk. So sahen es auch die gallischen Adligen, die sich mit ihm verbündet hatten, weil sie für ihr Land ein Ende der Not herbeiführen wollten. Honorius und sein Heermeister Constantius waren allerdings anderer Meinung, und Athaulf stieß sie erst recht vor den Kopf, als er Attalus, der ihm aus Italien nachgefolgt war, ein zweites Mal zum Kaiser ausrief. 414 hatten Mißernten und Hungersnot die Lage der Goten so unerträglich gemacht, daß sie nur noch den Ausweg sahen, nach Spanien zu marschieren.

409 trat für die iberische Halbinsel ein, was Hieronymus befürchtet hatte: Die Alanen, Sueben und Vandalen, die am 31. Dezember 406 den Rhein überschritten hatten, waren vom ausgeplünderten Gallien auf die iberische Halbinsel weitergezogen. Zwei Jahre wüteten sie dort, dann einigte sich der Usurpator Maximus mit ihnen und wies ihnen Siedlungsgebiete in der Westhälfte des Landes an: Der vandalische Teilstamm der Silingen erhielt die Baetica, die Alanen ließen sich in Lusitanien nieder, und die vandalischen Hasdingen teilten sich mit den Sueben Galicien. In Ravenna fragten sich Honorius und Constantius, ob man die Goten, die inzwischen die Tarraconensis besetzt hatten, nicht benutzen könne, um die Regelung des Usurpators rückgängig zu machen. Mit Athaulf war das nicht mehr möglich. Er fiel 415 in Barcelona einer Privatfehde zum Opfer. Aber sein Nachfolger Wallia ging 416 auf ein Angebot des Constantius ein: Er erhielt 600 000 Maß Getreide. Dafür ließ er Galla Placidia frei und verpflichtete sich, gegen die unbequemen Siedler im Westen vorzugehen. Der neue König erfüllte sein Versprechen, so gut es ging: Bis 418 hatte er große Teile der Silingen und Alanen vernichtet. Dann gebot ihm Constantius, der 417 Galla Placidia geheiratet hatte, Einhalt. Neuer Herr Spaniens sollte Wallia nicht werden. Lieber erfüllte der Heermeister den Goten ihren größten Wunsch und gab ihnen offiziell eine neue Heimat in Gal-

lien. Noch 418 durften sie sich in Aquitanien, im fruchtbaren Tal der Garonne zwischen Toulouse und Bordeaux, ansiedeln. Die Bedingungen der Ansiedlung sind nicht genau überliefert und daher umstritten. Es gibt Hinweise, daß Constantius die Regeln der *hospitalitas*, der Einquartierung von Soldaten, anwandte. Danach behielt der alte Besitzer zwei Drittel seines Hauses und seines Landes, und der Soldat bekam das restliche Drittel. Ungewiß ist auch, ob 418 eine Realteilung stattfand oder ob die Goten nur über die Einkünfte ihres Drittels verfügten. Kaiserliche Domänen und verlassene Ländereien, *agri deserti*, dürften einen Teil des Bodens ausgemacht haben, den Constantius den Goten überließ. Sie verpflichteten sich dafür, Heeresdienst zu leisten. Spaniens Westen völlig von Germanen zu säubern, blieb ein Ziel des Heermeisters. Darüber hinaus dachte er an die inneren Feinde, die unruhigen Bagauden. Vor allem das zweite Ziel machte es auch der gallischen Aristokratie leichter, der Ansiedlung der Goten zuzustimmen. Denn die adligen Großgrundbesitzer, nicht die kleinen Bauern, mußten Land für die *hospitalitas* abgeben. Wallia sah das gelobte Land, später das Tolosanische Reich genannt, nicht mehr. Er starb noch 418, und Theoderid, wahrscheinlich ein Schwiegersohn Alarichs, wurde sein Nachfolger. Sollten Honorius und Constantius allerdings geglaubt haben, die Goten würden fortan brav ihre Felder bestellen und nur zu den Waffen greifen, wenn sie gerufen würden, so täuschten sie sich. Selbst ihre Hilfe konnte zweischneidig sein: 422 stellte Theoderid Kontingente, die zusammen mit einem römischen Heer gegen die vandalischen Hasdingen in die Baetica zogen. Doch mitten im Kampf überlegten es sich die Goten anders, fielen ihre Bundesgenossen an und verdarben ihnen den sicheren Sieg. Auch die Veränderungen, die die Reichsspitze in den folgenden Jahren erlebte, verlockte die Goten zu Eigenwilligkeiten, die auf Kosten Galliens, wenn nicht des gesamten Westreiches gingen.

418 hatte Galla Placidia ihrem zweiten Gemahl Constantius eine Tochter, Honoria, und 419 einen Sohn, Valentinian, geboren. Der kinderlose Honorius erhob daraufhin 421 seinen

Schwager zum Mitaugustus, und beide verliehen wenig später Galla Placidia den Augustatitel. Constantius erlag allerdings noch 421 einer Krankheit, und Honorius überlebte ihn nur um eineinhalb Jahre. Kurz vor seinem Tod hatte sich Galla Placidia mit ihm so zerstritten, daß sie mit ihren beiden Kindern nach Konstantinopel ging, wo seit 408 ihr Neffe Theodosius II., der Sohn des Arcadius, regierte. Theodosius dachte 423 zunächst daran, das Reich wieder zu vereinen, und erhob Ansprüche auf den Westen, wo der stadtrömische Senat inzwischen sein altes Vorrecht beansprucht und einen Nachfolger des Honorius, Johannes, gewählt hatte. Dessen Herrschaft bereitete ein oströmisches Heer 425 ein Ende. Galla Placidia war in seinem Gefolge zurückgekehrt, und ihr sechsjähriger Sohn wurde in Rom als Valentinian III. zum Kaiser ausgerufen. Die Mutter übernahm für ihn die Regentschaft und sorgte dafür, daß ihr Augustatitel politisches Gewicht bekam. Als Frau konnte Galla Placidia allerdings über das Heer, die wichtigste Stütze des Throns, nur mittelbar verfügen. Sie war auf zuverlässige Generäle angewiesen, die jedoch mit wachsendem Einfluß ihre eigene Politik verfolgten. Die drei bedeutendsten, Felix, der als Heermeister am Hof der oberste Feldherr des Reiches war, Bonifatius, der Militärbefehlshaber in Africa, und Aëtius, der Heermeister in Gallien, rivalisierten in den nächsten Jahren um die Macht und belauerten sich argwöhnisch. In seiner Jugend hatte Aëtius, Sohn des gallischen Heermeisters Gaudentius, drei Jahre als Geisel bei Alarich verbracht. Danach war er einige Zeit als Geisel bei den Hunnen und stand seitdem in guten Beziehungen zu einzelnen hunnischen Führern. Hunnische Söldner halfen ihm in den folgenden Jahren, die Germanen in Gallien in Schach zu halten. Es begann mit den Goten, die 425 Arles belagerten und von ihm vertrieben wurden. 428 bekamen die Franken im Moselgebiet seine harte Hand zu spüren und wurden über den Rhein zurückgedrängt. 430 gelang es ihm, eine Meuterei unter den Soldaten in Ravenna anzuzetteln, die Felix das Leben kostete. Wahrscheinlich kam Aëtius nur einem Anschlag des Rivalen zuvor. Noch im gleichen Jahr schlug er die alamannischen

Juthungen in Rätien, und 431 kämpfte er erfolgreich in Noricum. 432 mußten die Franken eine zweite Niederlage einstekken. Dann zwang ihn die Auseinandersetzung mit Bonifatius, den Galla Placidia in diesem Jahr zu sich geholt und als Felix' Nachfolger zum Oberfeldherr ernannt hatte, über die Alpen zu ziehen.

Mit Geschick und Glück hatte Bonifatius seit 423 die africanischen Provinzen gegen eindringende Berberstämme verteidigt und dabei eine Selbständigkeit gewonnen, die in Italien den Verdacht weckte, er greife nach der Kaiserwürde. Gegen Johannes war er Galla Placidia treu geblieben und hatte ihr auch während ihres Aufenthaltes in Konstantinopel Unterstützung zukommen lassen. Doch nach ihrer Rückkehr stand Felix dem Ohr der Kaiserin näher. Er sandte zweimal Truppen nach Africa, die vergeblich versuchten, den widerspenstigen Bonifatius zu entmachten. Der Zwist wuchs sich zum Verhängnis für das römische Africa aus. 429 sah der Vandalenkönig Geiserich die Gelegenheit gekommen, Spanien zu verlassen und in den reichen africanischen Gebieten, die bisher von Germanen verschont geblieben waren, eine neue Heimat für sein Volk zu suchen. Kämpfe mit Sueben und Westgoten, denen die Reichsregierung einen Wink gegeben hatte, bestärkten ihn in seinem Entschluß. Den Vandalen schlossen sich Alanen und weitere germanische Splittergruppen an, und im Mai 429 setzten 80000 Menschen über die Meerenge von Gibraltar. Nur bedingt trifft der Vorwurf zu, daß sie sich auf ihrem Zug entlang der Küste wie ‚Vandalen‘ benahmen. Erst in der Französischen Revolution wurde ihr Name zum Synonym sinnloser Zerstörungswut. Zu ‚Vandalismus‘ war überall dort kein Anlaß, wo die Eroberer von den Unterschichten begrüßt wurden. Auch kamen ihnen Africas religiöse Spaltungen entgegen. Arianer und Donatisten, radikale Christen, die sich in Africa von der Kirche getrennt hatten, sahen es gern, wenn die arianischen Germanen gegen katholische Bischöfe, Priester und Kirchen vorgingen. Entscheidend für das ungehinderte Vordringen der Vandalen war jedoch die militärische Schwäche der Gegenseite. Sie führte dazu, daß sich das flache

Land ohne Widerstand ergab und den meisten Städten ebenfalls keine andere Wahl blieb, als ihre Tore zu öffnen. In einem Jahr legte der Zug, der von Schiffen begleitet wurde, über 1200 Kilometer zurück. Erst bei Hippo Regius, dem Bischofssitz des heiligen Augustinus, stellte sich Bonifatius den Vandalen in den Weg. Man hatte ihn bereits verdächtigt, er habe die Feinde gerufen, um sich gegen die Regierung in Italien zu stärken. Der Römer unterlag und mußte sich in der Stadt des von ihm verehrten Bischofs verschanzen. Augustinus erlebte noch den Anfang der über ein Jahr dauernden Belagerung Hippos; vor dem Fall der Stadt starb er. Auch als 431 Konstantinopel, das wie Italien auf Getreide aus Africa angewiesen war, ein Heer sandte und Bonifatius eine zweite Schlacht wagte, hieß der Sieger Geiserich. Es dauerte noch drei Jahre, bis man in Ravenna zu der Einsicht kam, daß die Vandalen nicht mehr aus Africa zu vertreiben waren. 435 schloß daher Valentinian III. mit Geiserich einen Vertrag. Er überließ den Vandalen Teile der Provinzen Africa proconsularis, Numidia und Mauretania Sitifensis – „zum Bewohnen", wie ein Chronist unterstrich, also nicht als Besitz.

Als Galla Placidia Bonifatius 432 nach Italien bat und zum Oberbefehlshaber ernannte, tat sie ihm nichts Gutes. Denn Aëtius war entschlossen, mit ihm um den Vorrang zu kämpfen. Bei Rimini stießen ihre Truppen aufeinander. Aëtius unterlag, aber sein Glück blieb ihm treu: Bonifatius wurde im Kampf so schwer verwundet, daß er zwei Monate später starb. Ein Jahr darauf erreichte Aëtius sein Ziel: Mit hunnischer Hilfe setzte er Galla Placidia so unter Druck, daß sie ihn 433 zum Oberbefehlshaber ernannte. Bis zu seiner Ermordung 454 hatte er das Amt inne und hielt alle Konkurrenten nieder. Das gefährdete Gallien blieb weiterhin der Reichsteil, wo er sich in den folgenden Jahren bewähren mußte. 435 trat er den Burgundern entgegen, die in die Provinz Belgica eingedrungen waren. Sie hatten zu den Scharen gehört, die am 31. Dezember 406 über den Rhein gezogen waren. Unter ihrem König Gundahar gelang es ihnen, um Worms eine Herrschaft zu errichten. Hunnische Vorstöße, die gegen 430 den

Rhein erreichten, waren wahrscheinlich der Grund, warum sie nach Norden in die Belgica zogen. Eine erste Niederlage gegen Aëtius endete für sie noch glimpflich. Aber Hunnen und Römer zusammen versetzten ihnen 436 einen zweiten Schlag, der einen Großteil des Stammes mit dem König an der Spitze vernichtete. Ihr Schicksal bildet den historischen Kern der Nibelungensage. 443 siedelte Aëtius die Reste des Stammes am Westteil des Genfer Sees mit Genf als Hauptort an. Wahrscheinlich legte er die *hospitalitas* zugrunde, die ihnen, wie den Goten in Aquitanien, ein Drittel des Bodens überließ. Als Föderaten mußten sie sich wie üblich zu Kriegsdiensten verpflichten. Bald entwickelte sich bei ihnen auch wieder eine Herrschaftsorganisation mit einer neuen Königssippe an der Spitze.

Theoderid und die Goten im Tolosanischen Reich schienen nur auf Aëtius' Auseinandersetzung mit den Burgundern gewartet zu haben. Da dessen Stellvertreter Litorius zur selben Zeit einen Bagaudenaufstand in Nordgallien niederschlagen mußte, begannen sie Narbonne zu belagern. Die Stadt hielt sich. Aber weitere Scharmützel folgten, von denen Aëtius eines gewann. Ein anderes kostete Litorius das Leben, bevor 439 der Friede erneuert wurde. Vielleicht hatte Aëtius damals bereits erfahren, daß König Rua, sein hunnischer Bundesgenosse, gestorben war. Seine Hilfe hatte sich Rua um 429 mit pannonischen Gebieten vergüten lassen, und von Theodosius II. in Konstantinopel hatte er Jahrestribute erpreßt. Pannonien wurde Ausgangspunkt für die explosionsartige Ausdehnung der hunnischen Macht, die Ruas Nachfolger, die Brüder Bleda und Attila, einleiteten und die Attila fortsetzte, nachdem er 445 seinen Bruder ermordet und sich zum Alleinherrscher gemacht hatte. Durch verschwenderische Belohnungen band der Hunnenkönig eine Riege fähiger Führer an sich, die keineswegs nur aus Stammesangehörigen bestand. Mit ihrer Hilfe zwang er Stämme bis zum Rhein und zur Ostsee dazu, seine Oberhoheit anzuerkennen. In Westrom und Ostrom sah er die künftigen Vasallen, die das Reich, das er schaffen wollte, als Vormacht anzuerkennen hatten. Daß ihm Valentinian 449 den Heermeistertitel verlieh und das damit verbundene Gehalt überwies, war eine freundliche Geste, die ihn jedoch von seinen Plänen nicht abbrachte. Eine dynastische Verbindung schien ihm der Heiratsantrag zu eröffnen, den ihm Valentinians Schwester Honoria 450 zukommen ließ, nachdem sie sich mit ihrem Bruder überworfen hatte. Als der Kaiser Attilas Forderung, ihm Honoria und die Hälfte des Westreiches als Mitgift zu überlassen, abschlug, war das für den Hunnen eine Kriegserklärung, die er mit dem Marsch nach Westen beantwortete. Begleitet von einer Vielvölkerkoalition überschritt er im Frühjahr 451 den Rhein, eroberte mehrere gallische Städte, darunter Metz, und belagerte Orléans. Er hoffte, Theoderid und die Westgoten würden zu ihm stoßen, da ihm auch die Ostgoten und die gotischen Gepiden Gefolgschaft leisteten. Doch Aëtius überzeugte die Föderaten vom Vorteil ihres jetzigen Status. Die Westgoten stießen als stärkstes Kontingent zu dem Aufgebot, das der Heermeister aus Galliern, Franken, Burgundern und Sachsen zusammenstellte und mit dem er im Juni 451 Attila auf den Katalaunischen Feldern bei Troyes die Stirn bot. Es wurde die blutigste Schlacht des Jahrhunderts, in der nach einer Überlieferung 180 000 Mann gefallen sein sollen. Am Ende hatte Attila den Nimbus der Unbesiegbarkeit verloren, auch wenn Aëtius ihn mit dem größeren Teil seines Heeres ziehen lassen mußte oder sogar absichtlich ziehen ließ, um seinen germanischen Verbündeten keinen vollständigen Sieg zu gönnen, der den Römern später zu schaffen machen konnte. Attila suchte im Jahr darauf die Niederlage durch einen Einfall in Oberitalien wettzumachen. Eine Reihe von Städten einschließlich des stark befestigten Aquileia fielen ihm in die Hände. Aber Hunger und Seuchen, dazu ein oströmischer Angriff auf hunnisches Gebiet an der Donau zwangen ihn zum Rückzug. Sogar die Eroberung Roms soll er geplant haben, aber von einer Gesandtschaft des Papstes Leo umgestimmt worden sein. Ein Jahr später starb der Hunne überraschend. Sein Tod war das Signal für Teile der unterworfenen Völker, sich wieder unabhängig zu machen. Attilas ältester Sohn und Nachfolger Ellak vermochte die Herrschaft nicht zusammenzuhalten, zumal seine jüngeren Brüder ihm den Vorrang streitig machten.

Am Nedao in Pannonien, wahrscheinlich einem Nebenfluß der Save, kam es 454 oder 455 noch einmal zu einer Völkerschlacht, bei der wieder auf beiden Seiten germanische Stämme kämpften. Ellak fiel, und ostgotische Gruppen unter König Valamir, die ihm die Treue gehalten hatten, suchten nach der Niederlage Zuflucht auf römischem Boden. In Konstantinopel war 450 Marcian, ein Mann aus dem Soldatenstand, dank der Kaiserschwester Pulcheria Nachfolger Theodosius' II. geworden. Er machte die Valamirgoten zu Föderaten und gab ihnen Land in Pannonien. Auch mit den gotischen Gepiden, die am Nedao die antihunnische Koalition angeführt hatten, schloß er einen Vertrag, der ihnen Gebiete im östlichen Pannonien einräumte.

Der Stoß, den die Schlacht auf den Katalaunischen Feldern Attilas Herrschaft versetzt hatte, trug Aëtius auf den Gipfel seiner Macht. Daraus wollte der Heermeister dynastisches Kapital schlagen, nachdem Galla Placidia 450 gestorben war. Valentinian III. hatte nur zwei Töchter, Eudocia und Placidia. Eudocia war seit mehreren Jahren mit Hunerich verlobt, dem Sohn Geiserichs, der als Geisel an den Kaiserhof gekommen war. Nun bat Aëtius Valentinian, Placidia mit seinem Sohn Gaudentius zu verloben. 454 sollte die Hochzeit sein, und Aëtius sah sich bereits als Vater des künftigen Kaisers. Aber seine Feinde am Hof, an ihrer Spitze der langjährige Praefectus praetorio Petronius Maximus, schürten Valentinians nie ganz erloschenes Mißtrauen gegen den Reichsfeldherrn, und bei einer Begegnung im Palast stieß ihn der Kaiser eigenhändig nieder. Valentinian habe sich mit seiner Rechten seine Linke abgehauen, lautete ein geflügeltes Wort. Schon im März 455 erlitt der Kaiser das gleiche Schicksal: Zwei gotische Gefolgsleute des Ermordeten rächten ihn mitten auf dem Marsfeld in Rom.

Das Morden an der Reichsspitze, in dem der letzte männliche Erbe der theodosianischen Dynastie unterging, suchten die germanischen Herrscher auf Reichsboden so gut wie möglich zu nutzen. Denn für sie waren die Verträge erledigt, die sie mit Valentinian und mit Aëtius geschlossen hatten. Von den kurzlebigen Kaisern, die sich in den nächsten zwei Jahrzehnten auf dem Kaiserthron in rascher Folge ablösten, war keiner mehr in der Lage, gegen die Germanenkönige eine dauerhafte eigenständige Politik zu betreiben. Auch den Führungsanspruch Ostroms mußten sie hinnehmen.

Geiserich hatte bereits 439 den Vertrag von 435 gebrochen und Karthago samt der Provinz Africa proconsularis besetzt. Die weiteren Schritte des Vandalen bewiesen Ravenna gleichfalls seine Eigenständigkeit: Er vergrößerte die Flotte und griff 440 Sizilien, Unteritalien, Sardinien und vielleicht sogar das oströmische Rhodos an. Mit den Hunnen nahm er Verbindung auf, und deren Einfall in Thrakien und Illyrien 441 führte dazu, daß eine oströmische Flotte, die Geiserich in Sizilien entgegentreten sollte, zurückbeordert wurde. Die fortgesetzte Verfolgung der Katholiken in Africa erbitterte den katholischen Kaiserhof ebenso wie die Enteignung der adligen Großgrundbesitzer, von denen viele, die nicht geflohen waren, versklavt wurden. Zudem konnte Geiserich jederzeit die Getreideausfuhr sperren, so daß sich Valentinian 442 zu einem neuerlichen Friedensvertrag bereitfand, der die Aufteilung der africanischen Provinzen neu regelte. Der Vandale erhielt ein zusammenhängendes Territorium aus Teilen Numidiens, der Proconsularis und Tripolitaniens, wo er sich als souveräner Herrscher betrachten durfte. Mochte er die Verlobung seines Sohnes Hunerich mit der Kaisertochter Eudocia noch als Band ansehen, das nicht nur die vandalische Herrschaft in Africa, sondern auch die Stellung seines Hauses sicherte, so machte er sofort nach Valentinians Tod deutlich, daß er sich mit seinem africanischen Reich nicht länger zufrieden geben wollte. Heer und Flotte hatte er weiter ausgebaut, und verstärkt durch maurische Hilfstruppen landete er im Mai 455 in der Tibermündung. Einige Tage später fiel Rom nach 45 Jahren zum zweiten Mal. Papst Leo erreichte wenigstens, daß der Vandale seinen Soldaten das Brennen und Morden untersagte; nicht verhindern konnte er, daß sie die Stadt zwei Wochen lang ausplünderten. Petronius Maximus, der in Rom zu Valentinians Nachfolger ausgerufen worden war, wollte sich noch rechtzeitig aus dem Staub machen. Aber ein Steinhagel der erbosten Bewohner beendete das Leben des unwürdigen Kaisers.

Für Gallien hatte Petronius Maximus den erfahrenen gallischen Adligen Eparchius Avitus zum Heermeister ernannt. Er befand sich gerade am westgotischen Hof in Toulouse, als die Todesnachricht eintraf. König Theoderich, der dort seit 453 regierte, drängte ihn, Maximus' Nachfolge zu übernehmen, und seine Soldaten riefen ihn daraufhin mit Einwilligung des gallischen Adels zum Kaiser aus. Um sich darüber hinaus Anerkennung zu verschaffen, beschloß Avitus, die Vandalen und die Sueben in die Schranken zu weisen. In Spanien hatte nämlich der Suebenkönig Rechiar Valentinians Tod zum Anlaß genommen, um in die Provinz Carthaginiensis einzufallen. Sein Ziel war, ganz Spanien unter seiner Herrschaft zu einen. Mit Avitus war sich Theoderich einig, daß man dieser Gefahr begegnen müsse, und als Rechiar auf zwei Gesandtschaften nicht hören wollte, zog der Westgotenkönig, von Burgundern unterstützt, nach Spanien. Seinen Sieg über den Sueben, seinen Schwiegersohn, nutzte er, um anschließend mehrere spanische Städte auszuplündern. Auch in Italien stand es für Avitus zunächst gut. Er hatte Ricimer, den Sohn eines suebischen Königs und der Tochter des Gotenkönigs Wallia, zum Heermeister ernannt und nach Sizilien geschickt, wo ein neuer Angriff der Vandalen drohte. Der Germane, der sich seine ersten militärischen Sporen unter Aëtius verdient hatte, schlug die Vandalen bei Agrigent und ein zweites Mal auf Korsika. Doch dann wandte er sich zusammen mit einem alten Waffengefährten, Valerius Maiorianus, gegen seinen Oberherrn, besiegte Avitus bei Placentia und zwang ihn abzudanken. Den Thron ließ er vorläufig unbesetzt. Erst im Jahr darauf wurde Maiorianus bei Ravenna zum Kaiser ausgerufen.

Fern von diesen Ereignissen, im östlichen Gallien und am Rhein, gewannen inzwischen Franken und Alamannen weiter an Boden. Vielleicht war es noch der salfränkische König

Chlodio, der eine Niederlage gegen Aëtius dadurch wettmachte, daß er sein Stammesgebiet bis zur Somme vorschob. Er und sein Verwandter Merowech schufen dadurch die Grundlage für den Aufstieg der Merowinger. Am Mittelrhein gingen die Rheinfranken, die bisher als Föderaten rechts des Flusses gesiedelt hatten, in linksrheinisches Gebiet hinüber. Nacheinander fielen ihnen Mainz, die kleineren nördlichen Städte und schließlich Köln zu. Vorstöße bis nach Trier folgten. Der gallische Heermeister Aegidius, den wahrscheinlich noch Avitus ernannt hatte, zog sich nach Soissons zurück. Zwischen Main und Neckar unterwarfen die Alamannen Reste der Burgunder, die sich dort gehalten hatten. Weiträumiger dehnten sie sich im Süden, Südosten und Südwesten aus. Sie drangen durch die Burgundische Pforte und besetzten in Konkurrenz mit den ebenfalls ausgreifenden Burgundern das Gebiet bis Langres und Besançon. Rätien und Teile Noricums wurden alamannisch, und selbst Oberitalien sah wieder alamannische Eindringlinge. Umstritten ist, ob sich die plötzliche Schubkraft der Alamannen einem mächtig gewordenen zentralen Königtum verdankte, das sich über die Kleinkönige erhob. Die dürftige Überlieferung der Expansion erwähnt einen König Gibuld oder Gebavult, dem die Großkönige anderer germanischer Stämme zum Vorbild gedient haben könnten.

Kaiser Maiorianus war entschlossen, den Bestand des Reiches, so gut es ging, zu bewahren. Geiserich schien ihm der gefährlichste Feind zu sein, weil er das Kernland Italien bedrohte. Daher rüstete er zum Gegenschlag und begann eine Flotte zu bauen. Zuvor mußte er jedoch die Anerkennung Theoderichs in Gallien erzwingen. Das gelang ihm erst 459, nachdem die Westgoten wieder einmal vergeblich Arles belagert hatten. Als Gegengewicht gegen sie schloß Maiorianus mit den Burgundern einen Vertrag, der ihnen bis auf die Hauptstadt Lyon die Provinz Lugdunensis prima einräumte. Theoderich verpflichtete er, erneut gegen die Sueben in Spanien zu ziehen, von wo dann auch die Flotte gegen Geiserich aufbrechen sollte. Zusätzlich hatte Maiorianus den dalmatischen Militärbefehlshaber Marcellinus für einen Angriff auf

Sizilien gewonnen. Marcellinus, ein Freund des Avitus, hatte nach dessen Ermordung eine eigenständige Stellung in Dalmatien errungen, die dem Kaiser in Konstantinopel nicht unlieb war, da sie sich gegen den Westen einsetzen ließ. Geiserich hielt Maiorianus für den schwächeren Gegner, und es gelang ihm ein Überraschungsschlag gegen die kaiserliche Flotte, bevor sie von ihrem spanischen Hafen bei Cartagena auslief. Maiorianus mußte sich in einem Friedensvertrag 460 weitere Gebiete in Africa abnehmen lassen. Die Demütigung untergrub sein Ansehen so stark, daß Ricimer es 461 wagen konnte, ihn auf dem Rückweg, kaum daß er italischen Boden betreten hatte, gefangenzunehmen und hinzurichten. Libius Severus, den Ricimer anschließend vom Senat in Rom erheben ließ, war während seiner vierjährigen Herrschaft nie mehr als eine Kreatur des Heermeisters, der ihn 465 wahrscheinlich ebenfalls beseitigen ließ.

Aegidius war nicht bereit, Ricimers Justizmord an Maiorianus hinzunehmen. Er schloß ein Bündnis mit dem Merowinger Childerich, dem König der salischen Franken, dessen Krieger ihn nach Italien begleiten sollten. Geiserichs Vandalen forderte er ebenfalls zum Angriff auf. Aber die Westgoten machten ihm einen Strich durch die Rechnung. Sie besetzten Narbonne und hofften, Libius Severus werde Nachsicht üben, weil sie seine Thronfolge ohne Umschweife anerkannt hatten. Es war auch ganz in ihrem Sinne, daß der neue Kaiser und Ricimer einen früheren gallischen Heermeister, Agrippinus, als Aegidius' Nachfolger nach Gallien schickten. Doch Aegidius weigerte sich zurückzutreten. Auf eigene Faust führte er mit seinen Soldaten und den fränkischen Verbündeten Krieg gegen die Goten und schlug sie 463 bei Orléans. Als er 464 oder 465 starb, hinterließ er das Gebiet nördlich der Seine mit der Hauptstadt Soissons seinem Sohn Syagrius fast als eine eigene Herrschaft ähnlich der, die Marcellinus in Dalmatien gewonnen hatte. Dessen Feinde blieben auch nach Maiorianus' Tod die Vandalen, die er, von Kaiser Leo in Konstantinopel unterstützt, 465 aus Sizilien vertrieb. Leo besetzte auch den Thron im Westen, nachdem Libius Severus gestürzt worden war. Den kaiserlichen Kandidaten Anthemius mußte Ricimer nach einjährigem Interregnum 467 annehmen, da er gegen Geiserich auf Hilfe aus dem Osten angewiesen war.

Während des Interregnums kam es zu einem folgenschweren Wechsel an der Spitze der Westgoten. Eurich ermordete seinen älteren Bruder Theoderich und begann bald darauf, die gotische Herrschaft in einer Weise auszudehnen, die deren brüchig gewordenes Fundament, den Föderatenvertrag von 418, endgültig zerbrach. Eurichs erster Stoß traf 468 Spanien; er brachte ihm Teile des suebischen Herrschaftsgebietes ein. Der Gote wollte sich zunächst im Rücken sichern, bevor er 469 mit einem Angriff gegen die Bretonen die Machtverhältnisse in Gallien zu verschieben begann. Doch jenseits der Loire stellte sich ihm ein römisch-salfränkisches Aufgebot entgegen, und er mußte zurückstecken. Mehr Erfolg hatte Eurich im Süden, wo er die Mittelmeerküste gewann, sowie im Osten, wo er die Rhône erreichte und 471 ein Heer des Kaisers Anthemius schlug. In den folgenden Jahren versuchte er sich zunächst vergeblich an der Auvergne, deren Adel eigenständig die Verteidigung organisierte. In mehreren Feldzügen berannten die Goten die Stadt Clermont, in der Ecdicius, der Sohn des Kaisers Avitus, und Apollinaris Sidonius, der Dichter und Ortsbischof, die Seele des Widerstandes bildeten. Sie verbündeten sich mit den Burgundern, die das gotische Vordringen aufgeschreckt hatte. Von der Zentralregierung kam keine Hilfe mehr, nachdem Anthemius 472 die Zahl von Ricimers Opfern vermehrt hatte. Auch in Spanien ging die römische Herrschaft unter Eurichs fortgesetzten Angriffen zu Ende. Unabhängig blieben die Sueben in der Nordwestecke der Halbinsel und die Basken in den Pyrenäen.

Nach Gallien und Spanien schied schließlich das römische Africa aus dem Reich aus. Geiserich hatte seine Kaperfahrten auf oströmisches Gebiet ausgedehnt, so daß sich Kaiser Zenon, Leos Nachfolger, 474 zu einem Friedensvertrag entschloß, der den Vandalenkönig als souveränen Herrscher aller eroberten Gebiete anerkannte. Neben Africa gehörten zu der Zeit die Balearen, Sizilien, Sardinien und Korsika zu Geiserichs Herrschaft. Als formeller Vertragspartner wurde wahrscheinlich der weströmische Kaiser mitgenannt. Es war Julius Nepos, der Neffe und Erbe des dalmatischen Heermeisters Marcellinus, der wie sein Onkel vom oströmischen Kaiser unterstützt wurde. Er folgte 474 auf Olybrius und Glycerius, die nach dem Tod des Kaisermachers Ricimer 472 je ein knappes Jahr über Italien, den Rest des weströmischen Reiches, regiert hatten. Nepos versuchte noch einmal, seinen Fuß nach Gallien zu setzen, und bot 475 Eurich einen Friedensvertrag an, in dem er ihm die Auvergne unter der Bedingung abtrat, daß der Gote auf Teile Südgalliens verzichtete. Eurich ging gern auf den Handel ein, der sein Herrschaftsgebiet nach Osten gegen die Burgunder sicherte, und den Kaiser so weit brachte, daß er Ecdicius und Apollinaris Sidonius in den Rücken fiel. Der Bischof ging in die Verbannung, und Ecdicius mußte sein Heermeisteramt an Nepos' General Orestes abtreten. Die Strafe ereilte den Kaiser auf dem Fuß: Statt nach Gallien ging Orestes nach Ravenna, verjagte Nepos und setzte seinen minderjährigen Sohn Romulus auf den Thron. Die zeitgenössische Literatur verkleinerte ironisch den Kaisertitel des Knaben und nannte ihn Romulus Augustulus. Die Posse war ein Jahr darauf zu Ende, als sich der Söldnerführer Odoaker, ein Mann mit germanischem und hunnischem Blut in den Adern, an die Spitze aufsässiger Truppen stellte, die in der Mehrzahl ebenfalls germanischer Abstammung waren. Im August 476 vernichtete er Orestes bei Placentia und schickte seinen unschuldigen Sohn mit einer Ehrenpension in den Ruhestand. Die Zeitgenossen mochten mit einem weiteren Interregnum rechnen. Doch weder Konstantinopel noch Odoaker dachten daran, Romulus einen Nachfolger zu geben. Odoaker, den seine Truppen zum König ausgerufen hatten, anerkannte die Oberhoheit des oströmischen Kaisers, der ihn dafür zum Heermeister in Italien ernannte. Die Idee eines Gesamtreiches blieb gewahrt, und je länger sich das Interregnum hinzog, desto mehr verbreitete sich die Einsicht, daß 476 tatsächlich das Schlußjahr des Weströmischen Reiches bildete. Die Rolle des Ersten Rom war endgültig auf Konstantinopel, das Zweite

Rom, übergegangen. Für die germanischen Könige, die an der Spitze einer eigenen Herrschaft standen, den Westgoten Eurich und den Vandalen Geiserich, den Franken Childerich und den Burgunder Chilperich, brachte das Jahr 476 ebenfalls keinen Einschnitt, der ihre Macht unmittelbar berührt hätte. Sie gestanden dem Kaiser in Ostrom einen ideellen Vorrang zu als dem Herrn eines römischen Reiches, dessen Miterben sie waren. Nicht ihren germanischen Stammesgenossen, sondern ihren römischen Untertanen gegenüber gewannen sie so eine Legitimität, die in Zukunft das Zusammenwachsen beider Gruppen fördern mochte.

VIII. Die autonomen Germanenreiche auf römischem Boden 476–585

Während sich das weströmische Reich seit dem Tod Valentinians III. 455 immer weiter auflöste, gelang es dem oströmischen Reich während dieser Zeit, größere Einbußen zu vermeiden. Die Schlacht am Nedao befreite den Osten ohne sein Zutun endgültig von der Hunnengefahr. Auch war unter den verschiedenen germanischen Stämmen, die den Hunnen unterstanden hatten und denen Kaiser Marcian nun Siedlungsland gab, keiner stark genug, eine dauerhafte Herrschaft zu bilden, die Konstantinopel einen Reichsteil gekostet hätte. Die Ostgoten, die sich in Pannonien als Föderaten niederließen, hatten immer wieder gegen Nachbarstämme beiderseits der Donau zu kämpfen und verließen 473 das Land, um sich auf der Balkanhalbinsel anzusiedeln. Auch hier gelang es ihnen nicht, auf Dauer Fuß zu fassen. Rivalisierende Stammesteile gaben dem oströmischen Kaiser immer wieder Gelegenheit, durch Geld und geschicktes Taktieren dauernden Schaden vom Reich fernzuhalten, auch wenn die Verheerungen in einzelnen Provinzen und die Summen, die für die Zahlungen an die Stämme aufgebracht werden mußten, ins Mark gingen. Bei den Zügen der Goten auf dem Balkan trat zum ersten Mal ein junger

König, Theoderich, hervor, der zehn Jahre lang als Geisel am Kaiserhof in Konstantinopel gelebt hatte. Von Kaiser Zenon erzwang er 476 Siedlungsland in Niedermösien, wo er bis 488 blieb. Sein Heermeistertitel war Belohnung dafür, daß er den Kaiser gegen innere Feinde gestützt hatte. Der Titel hielt ihn nicht von Plünderungszügen in das benachbarte Thrakien und Makedonien ab, die den Lebensunterhalt seiner Stammesgenossen verbessern sollten und dem Kaiser die Grenzen seiner Macht vor Augen führten. Um daher die Ostgoten loszuwerden und zugleich die oströmische Oberhoheit im Westen zu stärken, forderte Zenon den Goten 488 auf, mit seinem Stamm gegen Odoaker zu ziehen und dessen Stelle zu übernehmen. Theoderich folgte und brach noch im selben Jahr mit etwa 100 000 Menschen, mehrere nichtgotische Stammessplitter darunter, nach Italien auf. Im Gebiet der Gepiden, deren Sperriegel er durchbrach, überwinterte er und stieß im August 489 am Isonzo auf die Verteidigungslinie Odoakers. Theoderich siegte und behielt wenige Wochen später auch bei Verona die Oberhand. Der Sieger wurde in der germanischen Sage zu Dietrich von Bern nach dem mittelhochdeutschen Namen Berne für Verona. Nacheinander traten Städte bis nach Süditalien, unter ihnen Rom und Mailand, auf Theoderichs Seite; die Westgoten und Burgunder unterstützten ihn ebenfalls. 490 verlor Odoaker schließlich an der Adda eine dritte Schlacht und mußte sich nach Ravenna zurückziehen. Dort belagerte ihn Theoderich zweieinhalb Jahre lang; es war Dietrichs sagenhafte Rabenschlacht, der Ravennas mittelhochdeutsche Bezeichnung *Rabene* den Namen gab. Dann vermittelte Bischof Johannes von Ravenna 493 einen Frieden, der vorsah, daß Odoaker und Theoderich Italien gemeinsam regierten. Doch beim Friedensmahl wenige Tage später stieß der Gote seinen Mitherrscher nieder, angeblich um einen Verwandten zu rächen, der von Odoaker ermordet worden war. Theoderich hatte die Aufgabe erfüllt, die ihm von Zenon gestellt worden war. Seine Soldaten riefen ihn daher erneut zum König aus und erweiterten damit sein Stammeskönigtum. Der römische Kaiser hätte die Rangerhöhung gern selbst vollzogen, weswegen Anastasius, der Nachfolger des 491 verstorbenen Zenon, mit der Bestätigung des Königstitels bis 497 wartete. *Flavius Theodericus rex* nannte sich Theoderich seit etwa 500 und schloß mit dem Namen Flavius an Flavius Valentinianus und an Flavius Constantinus an. Mit Constantin dem Großen stellten ihn auch diejenigen in eine Reihe, die ihm den Beinamen „der Große" gaben.

Die Herrschaft über Italien auf friedliche Weise zu sichern, war Theoderichs wichtigste Aufgabe. Daher siedelte er die Goten in Tausendschaften so an, daß er bestehende Besitzverhältnisse möglichst schonte. Er verteilte sie vor allem im gefährdeten Oberitalien auf Garnisonen in den Städten oder zog sie in Militärsiedlungen zusammen. Sie sollten den Wehrstand bilden, für den die römische Bevölkerung, der Nährstand, aufkommen mußte. An der bisherigen Zivilverwaltung änderte Theoderich nichts. Da die Städte inzwischen weitgehend katholisch geworden waren, bemühte sich der arianische König nachdrücklich um Toleranz. Das Nebeneinander von Goten und Römern sollte nicht durch religiösen Streit belastet werden. Theoderichs Friedenspolitik zog hochstehende Angehörige des römischen Adels an seinen Hof, wo sie ihm wertvolle Dienste leisteten. Nach 500 gehörten dazu Boëthius und Cassiodorus, die sich trotz ihrer Jugend bereits eine umfassende Bildung erworben hatten. Cassiodorus arbeitete die amtlichen Schreiben des Königs aus, die er später zusammen mit Urkundenformularen unter dem Titel „Variae" veröffentlichte. Sie sind unsere beste Quelle zur Geschichte und Struktur der ostgotischen Herrschaft in Italien.

Theoderich suchte seine Stellung auch dadurch zu stärken, daß er verwandtschaftliche Verbindungen zu den anderen germanischen Königen knüpfte. An einer Beziehung zu dem aufsteigenden Merowinger Chlodwig war ihm besonders gelegen, und noch 493 vermählte er sich mit dessen Schwester Audefleda. Chlodwig heiratete etwa um dieselbe Zeit Chrodechilde, die Tochter des verstorbenen Burgunderkönigs Chilperich II. Theoderich, der zwei Töchter aus einer früheren Ehe hatte, gab wenig später die eine dem Westgotenkönig

Alarich II. zur Frau, die andere dem burgundischen Kronprinzen Sigismund. Der Ostgotenherrscher sah sich bereits als Haupt einer verzweigten Familie germanischer Könige, in die er auch noch den Vandalenkönig Thrasamund und den Thüringerkönig Herminafrid aufnahm. Dem Vandalen schickte er um 500 seine Schwester Amalafrida, dem Thüringer 510 seine Nichte Amalaberga. Doch seine Hoffnung, die Ehen würden auch politische Reibungen zwischen den Schwägern verhindern, erfüllte sich nicht. Chlodwig, der mit etwa sechzehn Jahren 482 seinem Vater Childerich nachgefolgt war, ließ sich nicht abhalten, seine Macht in Gallien energisch zu erweitern. Als erster war ihm der Nachbar Syagrius im Weg, der nach 476 im oströmischen Kaiser sein Oberhaupt sah. Dem „letzten Römer" half nicht, daß sein Vater Aegidius und Chlodwigs Vater als Verbündete gegen die Westgoten gekämpft hatten und Childerichs fränkische Krieger als Föderaten Teil des römischen Heeres in Gallien waren. 486 stießen ihre Truppen bei Soissons aufeinander, Syagrius unterlag und floh zu Alarich. Der wollte es mit Chlodwig nicht verderben und lieferte den Flüchtling aus. Der Franke ließ Syagrius töten, um den Gallorömern nördlich der Seine zu zeigen, wer als Nachfolger des weströmischen Kaisers ihr neuer Herr war. Der Landgewinn und mehr noch die Übernahme von Syagrius' Heer gab ihm ein Übergewicht gegenüber den fränkischen Kleinkönigen diesseits des Rheins, das bald auch die anderen Germanenkönige in Gallien zu spüren bekamen. Thüringer, die sich auf linksrheinischem Gebiet angesiedelt hatten, unterwarf Chlodwig wahrscheinlich 492. So gerüstet ging er in die Auseinandersetzung mit einem mächtigeren Gegner, den Alamannen. Die blutige Schlacht bei Zülpich 496 versetzte ihnen einen ersten schweren Hieb, eine zweite Schlacht zehn Jahre später zwang sie dann endlich in die Knie. Chlodwig wurde Herr der alamannischen Gebiete auf beiden Seiten des Oberrheins und in der nördlichen Schweiz. Dazwischen lag 500 ein Feldzug gegen den Burgunderkönig Gundobad, dem der Merowinger im Namen von dessen Bruder Godegisel entgegentrat. Nur der Hilfe Alarichs II. hatte es Gundobad zu verdanken, daß er eine Niederlage überstand und sein Reich behielt.

Alarich wäre zurückhaltender gewesen, wenn er geahnt hätte, daß ihn seine Parteinahme das Leben kosten und Gundobad dabei auf Chlodwigs Seite stehen werde. Das war 507 in der Schlacht bei Vouillé, nordwestlich von Poitiers. Zum ersten Mal traten hier nicht nur rivalisierende Germanen einander gegenüber, sondern germanische Katholiken und germanische Arianer. Denn Chlodwig hatte sich inzwischen taufen lassen, weil er in einer schweren Schlacht gegen die Alamannen – am ehesten war es die von Zülpich – gelobt hatte, bei einem Sieg katholisch zu werden. Auf die Taufe vorbereitet hatte ihn gewiß schon seine Gemahlin Chrodechilde, eine eifrige Katholikin. Dem Beispiel ihres Königs folgend, schworen auch viele Franken dem Arianismus ab und erleichterten sich damit die Annäherung an die katholische Bevölkerung Galliens. Im Frankenreich fiel fortan der religiöse Gegensatz weg, der Theoderich in Italien zu schaffen machte. Gregor von Tours berichtet in seinen „Historien", der ausführlichsten Quelle zum merowingischen Gallien, Chlodwig habe den Kampf gegen Alarich als regelrechten Religionskrieg ausgegeben; das westgotische Gallien sollte von den Ketzern befreit werden (2,37). Auch der verbündete Burgunderprinz Sigismund war Katholik geworden. Bis 508 verloren die Westgoten große Teile Aquitaniens einschließlich der Hauptstadt Toulouse. Die Mittelmeerküste westlich der Rhône verblieb ihnen, weil Theoderich zugunsten seiner westgotischen Vettern eingriff. Sein Lohn war die Provence östlich der Rhône, die er als Gallische Präfektur seiner Herrschaft angliederte. Schon nach Chlodwigs zweiter Alamannenschlacht hatte der Ostgotenkönig Einhalt geboten und flüchtigen Alamannen Schutz und neues Land gewährt. Auch jetzt wollte er verhindern, daß der Franke die gallische Landkarte noch weiter zu seinen Gunsten veränderte und aus dem Schwager ein bedrohlicher Nachbar wurde. In Konstantinopel sah man das anders. Chlodwig sollte im Westen ein Gegengewicht zu Theoderich bilden. Kaiser Anastasius schickte daher eine Gesandtschaft zu ihm, die ihm in Tours die Ernennung zum Ehrenconsul mitteilte und ihm ein Purpurgewand und ein Diadem, die Insignien der Königswürde, überreichte. Ähnlich war Theoderich 497 von Anastasius als König anerkannt worden.

Beide Könige ließen sich bei ihrer Machtpolitik auch in den folgenden Jahren nicht aus den Augen. Um das Jahr 510, als Theoderich seine Nichte Amalaberga mit dem Thüringerkönig Herminafrid verheiratete, unternahm Chlodwig einen Feldzug in thüringisches Gebiet rechts des Rheins. Auch mit den Warnen an der Rheinmündung, die der Franke bekämpfte, hatte Theoderich Verbindung aufgenommen. Nur die letzten fränkischen Kleinkönige, die Chlodwig nun beseitigte, standen allein. Die Rheinfranken um Köln waren bisher seine Bundesgenossen gewesen, bei Zülpich unter ihrem König Sigbert, bei Vouillé unter dessen Sohn Chloderich. Nach der Rückkehr hatte Chloderich mit Wissen Chlodwigs seinen Vater ermordet, um die Nachfolge zu beschleunigen. Doch Nachfolger wurde am Ende der merowingische Mitwisser, der den Mörder beseitigen ließ. Zu der Zeit hatte Chlodwig bereits seinen Regierungssitz von Tournai nach Paris verlegt. Die Stadt an der Seine eignete sich besser als Mittelpunkt der beiden großen Reichshälften, der fränkisch gewordenen Gebiete in Aquitanien und der Francia zwischen Rhein und Loire. Ein Beitrag zur inneren Festigung sollte die „Lex Salica" sein, in der Chlodwig zwischen 507 und 511 das traditionelle salfränkische Recht in lateinischer Sprache aufzeichnen ließ. Er wollte nicht hinter dem Burgunder Gundobad und dem Westgoten Alarich zurückstehen, die wenige Jahre zuvor auf der Grundlage des römischen Rechts ebenfalls Gesetzessammlungen geschaffen hatten, um das Miteinander von Römern und Germanen zu regeln. Auch die Kirchenpolitik des Katholiken Chlodwig sollte das Zusammenwachsen der Reichsteile fördern. Anregungen gaben ihm die römischen Kaiser, die seit Constantin dem Großen Konzilien nicht nur einberufen, sondern ihnen auch die Themen vorgegeben und sie bisweilen geleitet hatten. Im Juli 511 rief der Merowinger die Bischöfe seines Reiches zu einem Konzil nach Orléans, um die Kirchenorganisation zu vereinheitlichen. Indem er die Konzilsbeschlüsse bestätigte, gab er sich als Herr der Kirche.

Noch im selben Jahr starb Chlodwig, 45 Jahre alt. Vier Söhnen hinterließ er sein Reich, dem erstgeborenen Theuderich aus einer früheren Ehe und dessen Halbbrüdern aus der Verbindung mit Chrodechilde. Als gleichberechtigte Könige verteilten sie das Territorium des Vaters unter sich, hielten aber an der Einheit des Gesamterbes fest. Daher wählten sie Residenzen im Kerngebiet, dem ehemaligen Reich des Syagrius: Reims, Orléans, Paris und Soissons. Den Zusammenhalt der Brüder erzwang auch die Entwicklung, die inzwischen bei den Westgoten eingetreten war. Nach Alarichs Tod war sein ältester Sohn Gesalech König geworden. Er galt nicht als vollbürtig, und die Verluste, die er gegen die Franken in Aquitanien hinnehmen mußte, ließen seine Legitimität zusätzlich bröckeln. Wie nach Vouillé griff Theoderich ein. Er sandte Truppen gegen Gesalech, den auch das Geld des Vandalenkönigs Thrasamund nicht retten konnte. Der Verlierer hoffte noch auf die Burgunder, wurde aber während der Flucht zu ihnen gefangengenommen und getötet. Auf den leeren Thron setzte Theoderich seinen Enkel Amalarich, den Sohn aus der von ihm gestifteten zweiten Ehe Alarichs. Er selbst übernahm die Vormundschaft des Knaben und vereinigte als König Italien und Spanien in Personalunion bis zu seinem Tod 526. Auch setzte er noch einmal seine Heiratspolitik ein, um den Frieden mit den Franken zu sichern: Etwa 513 heiratete Amalrich Chrodechilde, die Tochter von Chlodwigs gleichnamiger Gemahlin. Die Hochzeit besiegelte den Friedensvertrag, den Theoderich zuvor mit Chlodwigs Söhnen geschlossen hatte.

Dringend mußte Theoderich ein anderes Problem lösen: Er ging mittlerweile auf die Sechzig zu und hatte keinen Sohn und Erben. Daher verheiratete er 515 seine Tochter Amalasuintha mit dem westgotischen Adligen Eutharich, dem Herkunft aus der Königssippe der Amaler nachgesagt wurde. Auch Kaiser Justinus I., dem an guten Beziehungen zu Ravenna lag, erkannte Theoderichs Nachfolgeregelung an. Kaum war er nämlich 518 auf Anastasius gefolgt, adoptierte er Eutharich als seinen Waffensohn und ernannte ihn für 519 zum Consul, eine Ehre, die selbst dem Schwiegervater bisher nicht zuteil geworden war. Doch Eutharichs Tod um 523 durchkreuzte die Nachfolgeregelung. Theoderich blieb der Trost, daß Amalasuintha einen Sohn, Athalarich, geboren hatte, der einmal das Werk des Großvaters weiterführen sollte. Daran war aber dem Senatsadel in Rom nicht gelegen, der daher mit Ostrom Verbindung aufnahm und sich dabei um so leichter tat, als Justinus nach einem Schisma eine streng katholische Politik betrieb. Für den Arianer Theoderich war das Hochverrat, und er ließ 524 Boëthius und 525 dessen Schwiegervater Symmachus hinrichten, die er als Häupter einer Verschwörung ansah. Auf das Bild vom „Verbreiter des römischen Namens" – so einer seiner Ehrentitel – fiel ein dunkler Schatten. Auch in der Außenpolitik mußte der Gote Rückschläge hinnehmen, die seine Heiratsstrategien endgültig in Frage stellten. Der Burgunderkönig Sigismund, den die Konversion noch stärker als seine Vorgänger nach Ostrom schauen ließ, beseitigte nach dem Tod seiner ersten Frau, der Tochter Theoderichs, den gemeinsamen Sohn Sigerich, um Platz für die Kinder aus einer zweiten Ehe zu schaffen, vielleicht auch, um die Arianer, die nach Ravenna blickten, zurückzudrängen. Der ostgotische Rachefeldzug brachte zwar den Westteil des Burgunderreiches ein, ärgerlich aber war, daß die Frankenkönige ebenfalls rasch zuschlugen und den burgundischen Norden an sich rissen. Sie verloren ihn bald wieder, aber die Richtung war vorgezeichnet, und 534 gewannen Chlodwigs Söhne ganz Burgund und machten es zu einem fränkischen Teilreich.

Als Theoderich 526 im Sterben lag, erklärte er seinen zehnjährigen Enkel Athalarich zum Nachfolger und legte den versammelten ostgotischen Adligen ans Herz, „den König zu ehren, den Senat und das römische Volk zu lieben und den oströmischen Kaiser nächst Gott immer gütig und versöhnlich zu halten". Die Abschiedsworte, die Jordanes in seiner „Gotengeschichte" überliefert (304), waren zugleich das Regierungsprogramm für seine Tochter Amalasuintha, die die Regentschaft für ihren Sohn übernahm. Die Regentin stieß in Teilen der Aristokratie nicht nur als Frau auf Widerstand, sondern auch, weil sie Athalarich dieselbe gründliche römische Bildung zukommen lassen wollte, die sie selbst genossen hatte. Bedenken wurden laut, daß damit eine Entwicklung beginne, die am Ende die bisherige Trennung von Goten und Römern aufheben werde. Gegen die Opposition, die sich 533 verstärkte, suchte Amalasuintha Hilfe in Konstantinopel, wo Justinian gerade daran ging, eine neue Politik gegenüber dem Westen zu eröffnen. Er war 527 seinem Onkel Justinus auf den Thron gefolgt mit dem Entschluß, die politische Anerkennung, die die germanischen Könige dem Kaiser entgegenbrachten, in unmittelbare Herrschaft zu verwandeln und so die Einheit des Römischen Reiches wiederherzustellen. Nur sollte das wiedergewonnene Imperium Romanum zu einem Imperium Christianum werden. Die erforderliche Aufrüstung, bei der das Schwergewicht auf der Flotte lag, wurde durch eine rigorose Verwaltung und Besteuerung der Untertanen finanziert. Justinian selbst hatte keine militärische Begabung, aber er verfügte mit Belisar und dem Eunuchen Narses über zwei Helfer, die zu den besten Heerführern der Zeit gehörten, mochte ihre Rivalität auch manchen Schaden anrichten. Ihnen gelang es, das Restaurationsprogramm wenigstens in Africa und Italien zu verwirklichen und die Herrschaft der Vandalen und Ostgoten zu beenden.

Wie Amalasuintha hatte sich auch der Vandalenkönig Hilderich nach Konstantinopel gewandt, als er von einer Adelsopposition unter Führung Gelimers bedroht wurde. Noch bevor Hilfe kam, wurde er 530 abgesetzt. Justinian nahm seinen Sturz zum Anlaß, Gelimer den Krieg zu erklären. 533 segelte Belisar mit einer starken Flotte über Sizilien, wo er von Amalasuintha unterstützt wurde, in die Nähe Karthagos. Der Widerstand des überraschten Gelimer war schwach. Er verlor zwei Treffen gegen Belisar, und im Frühjahr 534 ergab er sich. Er scheiterte auch deswegen, weil es den Vandalen in hundert Jahren nicht gelungen war, eine tragfähige innere Einheit mit der einheimischen Bevölkerung herzustellen. Da sich die ehemaligen Eroberer zudem durch Machtkämpfe selbst schwächten, zerbrach ihre Herrschaft beim ersten starken Stoß, nachdem sie die früheren Angriffe Ostroms immer abgewehrt hatten. Das Vandalenreich und das Burgunderreich verschwanden zur selben Zeit von der Landkarte, und zukunftsweisend erschienen neben Ostrom die Franken als die Gewinner dieses Jahres.

Das Jahr 534 leitete auch den Fall des Ostgotenreiches in Italien ein: Der junge König Athalarich starb, ohne je wirklich regiert zu haben. Um die Regentschaft fortführen zu können, veranlaßte Amalasuintha ihren Vetter Theodahad, den Königstitel anzunehmen. Aber kaum hatte Theodahad zugestimmt, da verbannte er seine Patronin und lieferte sie – gewollt oder ungewollt – ihren Gegnern aus, die sie 535 ermordeten. Der friedliebende neue König suchte den Ausgleich mit Justinian, der jedoch wie bei Hilderich den Sturz seiner Verbündeten zum Anlaß nahm, um den Ostgoten den Krieg zu erklären. Belisar eroberte noch 535 Sizilien und rückte im folgenden Jahr von Süditalien, das ihm rasch zufiel, gegen Neapel vor. Nach längerer Belagerung mußte sich die Stadt ergeben und wurde geplündert. Der entmutigte Theodahad wäre bereit gewesen, Justinian ganz Italien zu überlassen. Aber als empörte Goten erfuhren, daß er Papst Agapetus mit diesem Angebot nach Konstantinopel gesandt hatte, erschlugen sie ihn und hoben Ende 536 Witigis, den kriegserfahrenen Kommandanten der königlichen Leibwache, auf den Thron. Da der neue König nicht der Königssippe entstammte, sollte ihm die Ehe mit Amalasuinthas Tochter Matasuintha zusätzliche Legitimität verschaffen. Witigis schloß ein Bündnis mit den Frankenkönigen, denen er für zukünftige Hilfe das ostgotische Südgallien abtrat und ihnen obendrein 2000 Pfund Gold bezahlte. Im Frühjahr 537 begann er Rom zu belagern, das Belisar inzwischen die Tore geöffnet hatte. Die Belagerung zog sich über ein Jahr hin, bis der Hunger und ein oströmischer Vorstoß nach Norditalien die Goten zum Abzug zwang. Der Heermeister Johannes war nämlich mit frischen Truppen über die Adria gekommen und hatte Rimini besetzt. Mit einem Vorstoß gegen die Stadt hatte Witigis ebenfalls kein Glück. Er mußte Belisar und Narses, der inzwischen auf dem italischen Kriegsschauplatz erschienen war, das Feld überlassen. Beide verspielten danach allerdings durch widersprüchliche Entscheidungen das frischgewonnene Mailand, worauf Justinian Narses abberief. Keine Entlastung brachten den Goten die Franken, die 539 die Alpen überschritten. Von Versorgungsschwierigkeiten und Krankheiten geplagt traten sie bald den Heimweg an, nicht ohne sich im Gebiet ihrer Bundesgenossen schadlos gehalten zu haben. Ins Leere lief Witigis' diplomatischer Vorstoß bei den Langobarden in Pannonien und bei den Persern, die er zu Angriffen auf oströmisches Gebiet zu ermuntern suchte. Ende 539 schloß Belisar den Gotenkönig in Ravenna ein. Dessen verzweifelte Vorschläge, Justinian die Hälfte Italiens abzutreten oder sogar den siegreichen Belisar an seiner Statt zum König der Ostgoten zu erheben, stießen bei dem loyalen Feldherrn auf taube Ohren. Im Mai 540 mußte sich Witigis ergeben und ging als Gefangener nach Konstantinopel, wo er zwei Jahre später starb.

Die gotischen Gebiete nördlich des Po konnte Belisar nicht mehr bezwingen, da ihn der Krieg gegen Persien in den Osten rief. Gotische Truppen erhoben 541 oder 542 in Pavia den Kommandanten Totila zum König. Von ihm erhofften sie sich nichts weniger als die Rückgewinnung ganz Italiens, zumal sich die oströmische Herrschaft bei Römern und Goten wegen ihres harschen Steuersystems rasch unbeliebt gemacht hatte. Totilas militärisches Geschick, seine diplomatische Milde und die Erbitterung der Bevölkerung kamen zusammen, so daß die Goten bis Ende 543 wieder die Herrschaft über weite Teile des Landes gewinnen konnten. Rom fiel allerdings erst nach einjähriger Belagerung 546, nur um bald wieder an Belisar verloren zu gehen, der nach Italien zurückgekehrt war. Im Januar 550 wurde Totila zum zweiten Mal Herr über Rom, nachdem ihn Persiens Kriegsdrohung erneut von Belisar befreit hatte. Noch im selben Jahr bemächtigte sich der Gote Siziliens und griff im folgenden Jahr mit seiner Flotte sogar Griechenland, Sardinien und Korsika an. Sein Stern sank, als

Justinian 552 Narses nach Italien schickte. Bei Busta Gallica in Umbrien stießen beide aufeinander, und Totila fiel mit 6000 Mann. Reste des gotischen Heeres riefen Teja zum König aus, der sich mit einem letzten Aufgebot im Herbst 552 am Milchberg südlich von Neapel Narses zum Kampf stellte. Auch er verlor und besiegelte mit seinem Tod das Ende der Ostgotenherrschaft in Italien. Die Überlebenden durften als Untertanen des Kaisers auf ihre Güter zurückkehren. Einzelne gotische Stadtkommandanten lieferten in dem völlig ausgebluteten Italien Narses noch Nachhutgefechte. Sie riefen auch eine fränkisch-alamannische Freischar von 75 000 Mann zu Hilfe, die 553 Italien bis zur Südspitze durchzog und die ländlichen Gebiete ein weiteres Mal verheerte. Narses vernichtete 554 einen Teil der Eindringlinge unter ihrem Führer Butilin bei Capua, die anderen unter dessen Bruder Leuthari erlagen in Venetien einer Seuche. Einzelkämpfe gegen gotische Gruppen hatte Narses noch während der nächsten Jahre zu bestehen. Daneben bemühte er sich, in Italien wieder geordnete Verhältnisse herzustellen, für Sicherheit zu sorgen und kirchliche Streitigkeiten beizulegen. 565 starb Justinian, und der Nachfolger Justinus II. berief Narses 568 ab, nachdem Klagen über sein strenges Regiment und seine Reichtümer an den Kaiserhof gedrungen waren. Als Privatmann verbrachte er die letzten sechs Lebensjahre in Rom.

Während die ostgotische Herrschaft zu Ende ging, bot sich Justinian nach Africa und Italien die Gelegenheit, auch auf das westgotische Spanien auszugreifen, und ein drittes Mal kam der Anstoß, der die Expansion rechtfertigte, aus dem Land selbst. Mit Theoderichs Tod 526 war Amalarich von Italien unabhängig geworden, während die Franken bedrohliche Nachbarn seines restlichen Herrschaftsbereiches in Gallien blieben. Dagegen half auch nicht die Ehe, die er mit der Chlodwigstochter Chrodechilde schloß. Im Gegenteil: Der arianische König und die katholische Königin entzweiten sich, worauf ihr Bruder Childebert den Schwager 531 angriff und ihm weiteres gallisches Gebiet entriß. Amalarich floh nach Barcelona, wo er wenig später dem Anschlag eines Franken zum Opfer fiel. Sein Heermeister Theudis wurde Nachfolger und sicherte Septimanien, das Küstengebiet zwischen Rhône und Pyrenäen. Den konfessionellen Gegensatz zwischen den Goten und der einheimischen Bevölkerung scheint dann Athanagild ausgenutzt zu haben, als er 551 gegen den unbeliebten König Agila rebellierte und deshalb Verbindung mit Justinian aufnahm. Eine kaiserliche Flotte landete 552 an der spanischen Südküste und gewann mit Hilfe des Rebellen den Südostteil der Halbinsel bis hinauf nach Cordoba. Als Athanagild jedoch 555 Agila ermordete und selbst den Thron bestieg, wurden ihm seine Bundesgenossen bald lästig, und er brach mit ihnen. Aber erst seinem Nachfolger Leovigild, der 568 König wurde, gelang es, die Oströmer zurückzudrängen. Nachdem er 585 auch das geschwächte Suebenreich im Nordwesten vernichtet hatte, vereinte er fast ganz Spanien unter seiner Herrschaft. Für die innere Einigung war nicht weniger wichtig, daß er das bisher bestehende Eheverbot zwischen Westgoten und einheimischer Bevölkerung aufhob und daß sein Sohn Reccared, der ihm 586 nachfolgte, Katholik wurde. Eine byzantinische Enklave entlang der südspanischen Küste hielt sich noch fast vierzig Jahre, ohne dem Westgotenreich bedrohlich zu werden.

Schon in Justinians letzten Lebensjahren war deutlich geworden, wie sehr der Kaiser mit seinem ehrgeizigen Restaurationsprogramm die Kräfte des oströmischen Reiches überdehnt hatte. Sein Nachfolger Justinus II. konnte nicht verhindern, daß große Teile der italischen Halbinsel, die in jahrelangen Kämpfen den Ostgoten entrissen worden war, an die Langobarden fielen, für die mit der Ankunft in Italien eine Wanderzeit von gut fünfhundert Jahren zu Ende ging.

Aus Skandinavien kommend hatten sich die „Langbärte" im ersten vorchristlichen Jahrhundert an der Unterelbe niedergelassen, von wo sie im 4. Jahrhundert die Elbe entlang nach Böhmen gewandert waren. Einzelne Kriegergruppen waren schon früher nach Süden gezogen und 167 mit den Römern unter Kaiser Marc Aurel zusammengestoßen. Von Böhmen aus besetzten die Langobarden 488 das Rugiland in

Niederösterreich und 508, nach einem Sieg über die Heruler, deren Gebiete an der mittleren Donau. Dort wurden die Gepiden ihre Nachbarn, die die ehemalige römische Provinz Dacia eingenommen hatten. Nach Theoderichs Tod 526 verdrängten die Langobarden unter König Wacho suebische Gruppen aus dem nördlichen Pannonien, die der Ostgotenkönig bisher geschützt hatte. Eine ältere Verbindung zu den Thüringern, die zwischen Weser und Elbe siedelten, gab Wacho zugunsten der Franken auf und machte es dadurch seinen neuen Freunden leichter, bis 534 das thüringische Reich zu unterwerfen. Ein Bündnis mit Justinian brachte den Langobarden 547 Noricum und das südliche Pannonien ein. Als Gegenleistung stellten sie Soldaten für den Krieg gegen die Ostgoten. Sie erhofften sich vom Kaiser auch Hilfe gegen die gepidischen Nachbarn. Doch wegen der oströmischen Schaukelpolitik erfüllte sich ihre Hoffnung nur zum Teil. Nach mehreren Waffengängen kam es 567 zu einer Schlacht, die die Langobarden unter König Alboin für sich entschieden, da sie sich mit den Awaren zusammengetan hatten und die Gepiden in die Zange nahmen. Große Teile des Gepidenreiches fielen an die Awaren, während andere gepidische Gruppen sich den langobardischen Siegern anschlossen. Die Sorge, aus den Verbündeten könnten in Kürze Angreifer werden, bestimmte Alboin im folgenden Jahr zu einem radikalen Schritt: Am Osterfest 568 versammelte er sein Volk und bewog es, mit ihm nach Italien auszuwandern. Die Gelegenheit schien günstig, da Justinus II. gerade Narses abberufen hatte. Zudem zögerte der Kaiser, das Bündnis mit den Langobarden zu erneuern, so daß es ihm in Alboins Augen recht geschah, wenn er sich fortan allein mit den Awaren herumzuschlagen hatte.

Dem Zug, der sich nun in Bewegung setzte, folgten neben Gepiden weitere Splittergruppen, darunter sogar Sachsen, während die Awaren in die verlassenen Gebiete nachrückten. Mit ihnen hatte Alboin einen Rückversicherungsvertrag auf zweihundert Jahre geschlossen. So lange sollten die Langobarden in ihre alten Wohnsitze zurückkehren dürfen, falls sie Italien verlassen sollten. Es konnte ja sein, daß der oströmische Kaiser eine starke Armee über die Adria sandte, die Franken einen weiteren Vorstoß nach Süden planten oder beide sich zusammentaten, um die Eindringlinge zu verjagen. Auf 100000 bis 150000 Menschen hat man Alboins Karawane geschätzt, deren Kern ein Heer von etwa 20000 Kriegern bildete. Sie waren in „Fahrtverbände", *farae*, gegliedert, die durch Verwandtschaft zusammengehalten wurden und nach der Ankunft in Italien weiterbestanden. Auf der alten Heerstraße zwischen den Karnischen und den Julischen Alpen zogen die Langobarden nach Friaul, wo Alboin in Forum Iulii ein erstes Herzogtum, *ducatus*, unter seinem Neffen, dem *dux* Gisulf, einrichtete. Noch 568 stieß der König bis Verona vor und eroberte im folgenden Jahr die westliche Lombardei bis Mailand. Zeitgenössische Quellen klagten beredt über die Brutalität der Langobarden, die nicht wie die Ostgoten Theoderichs als Föderaten kamen und die als Heiden oder Arianer unbedenklich Kirchen plünderten und Priester töteten. Vor allem die adligen Grundbesitzer hatten zu leiden, und viele flohen von ihren Gütern. Unter ihnen kam das Gerücht auf, der verbitterte Narses habe die Barbaren ins Land gerufen. Die Verdächtigung war verständlich, da die oströmischen Soldaten unter Narses' Nachfolger Longinus zunächst nur schwachen Widerstand leisteten. Erst an Pavia bissen sich die Langobarden fest, und drei Jahre lang trotzte die Stadt den Belagerern. Während dieser Zeit begann sich der Wanderzug in beinahe selbständig operierende Gruppen zu teilen. Die einen stießen unter ihren Führern, den *duces*, nach Mittel- und Süditalien vor, andere marschierten seit 569 fast jährlich nach Norden, um fränkisches Gebiet in der Provence und in Burgund zu plündern. Selbst im Kernbestand des Heeres wuchs Opposition gegen Alboin, deren Opfer er 572 wurde. Nicht nur seine Frau Rosamunde, eine gepidische Königstochter, sondern auch Longinus hatte die Hand im Spiel. Byzanz glich seine Schwäche durch Diplomatie und Bestechung aus. Einzelne *duces* ließen sich sogar als Föderaten kaufen. Man hat das für Zotto und Faroald vermutet, die es nur dank ihrer neuen Stellung fertiggebracht hätten, Stadt und Umland von

Benevent und Spoleto zu erobern. Der ehrgeizige Plan der Langobarden, auch Rom und Neapel einzunehmen, ging allerdings nicht in Erfüllung.

Alboins zwei Nachfolger, Helmegis, ein Günstling Rosamundes, und der hochadlige Clef, fielen nach kurzer Regierung einem Anschlag zum Opfer, und von 574 an glaubten die Langobarden, auf einen König verzichten zu können. Als aber 584 die gefürchtete Koalition zwischen Franken und Oströmern zustande kam, die mittlerweile beide auch langobardische Kontingente in ihren Reihen mitführten, setzte sich bei der Mehrheit der *duces* die Einsicht durch, daß sie auf Dauer ihre Eroberungen nur halten konnten, wenn sie sich wieder eine monarchische Spitze gaben. Sie einigten sich auf Clefs Sohn Authari. Dem neuen König kam zugute, daß es mit der militärischen Zusammenarbeit der Gegner haperte. So konnte Authari die oströmische Seite 585 zu einem Friedensvertrag zwingen, der erstmals den langobardischen Besitz in Italien anerkannte. Schon nach seiner Proklamation hatte Authari den dynastischen Namen Flavius angenommen, um an die römischen Kaiser anzuschließen. Wie Theoderich tat er es im Bewußtsein, daß die Wanderzeit für sein Volk zu Ende war und die Epoche eines friedlichen Nebeneinanders beginnen mußte. Zwar folgte er Theoderich darin, daß er an der Trennung zwischen Langobarden und Römern festhielt. Doch mit der Annahme des Namens Flavius hatte er selbst den Weg zur Assimilation gewiesen, deren Schrittmacher die Konversion der Langobarden zum katholischen Glauben wurde. Auch die Landkarte Italiens sollte sich in der Folgezeit noch mehr zugunsten der Eroberer verändern. Ostrom konnte die Aufsplitterung seiner italischen Herrschaft nicht mehr rückgängig machen. Die ihm verbliebenen Gebiete, die Nordküsten des Tyrrhenischen Meeres und der Adria bis Ancona sowie Latium, Kampanien, Apulien und Kalabrien, faßte Kaiser Mauricius, dem Exarchat Africa entsprechend, zum Exarchat Italien mit der Hauptstadt Ravenna zusammen.

Mit den Franken suchte Authari ebenfalls einen Ausgleich und hielt um die Hand der fränkischen Königstochter Chlodoswinda an. Die Werbung stieß auf den Widerstand von Kaiser Mauricius, der die verbündeten Franken zu neuen Vorstößen nach Italien ermunterte. Der abgewiesene Langobardenkönig schlug daraufhin im Mächtespiel zwischen Franken und Oströmern eine neue Richtung ein. Schon um 575 hatte Ewin, der langobardische *dux* von Trient, eine Tochter des Baiuwarenherzogs Garibald geheiratet. Authari folgte ihm und heiratete dessen zweite Tochter Theudelind, die mit dem Frankenkönig Childebert II. verlobt, aber von ihm entlassen worden war. Theudelinds Mutter Walderada war Tochter des Langobardenkönigs Wacho, und – wichtiger noch – sie war Gattin zweier Frankenkönige gewesen, ehe sie Garibald geheiratet hatte. Mit Garibald erschienen am Ende der Völkerwanderungszeit erstmals die Baiuwaren. Sie waren kein Wanderstamm mehr, sondern hatten sich während des ersten Drittels des 6. Jahrhunderts auf dem Boden der ehemaligen römischen Provinzen Noricum und Rätien aus germanischen, romanischen und keltischen Bevölkerungssplittern zu einer Einheit zusammengefunden.

IX. Warum die römische Germanenpolitik nach 500 Jahren am Ende war

Um die Wende vom 2. zum 1. Jahrhundert v. Chr. hatte Rom an den Kimbern und Teutonen erstmals den Landhunger germanischer Stämme kennengelernt. Iulius Caesar machte 50 Jahre später bei Ariovist die gleiche Erfahrung, und sie setzte sich in der Kaiserzeit fort, als Germanen an Rhein und Donau Roms Nachbarn wurden. Wie ein früheres Kapitel gezeigt hat, entwickelten die Römer eine Reihe von Maßnahmen, um der germanischen Bedrohung Herr zu werden. Einzelne Feldzüge in feindliches Gebiet und dauernde Abwehrbereitschaft an den Grenzen waren die beiden wichtigsten Mittel. Ergänzt wurden sie durch diplomatische Beziehungen und durch Bündnisse mit den Stämmen, die jenseits der

Grenzen siedelten und gewissermaßen die Vorhut des Reiches bildeten. Auch nützte Rom geschickt die Streitigkeiten aus, die innerhalb der Stämme und zwischen den Stämmen und Stammeskoalitionen aufbrachen. Schließlich wurden Stämme oder deren Teile, die sich unterworfen hatten, als *dediticii* auf Reichsboden angesiedelt. Manchmal waren es mehrere hunderttausend Menschen, die der Kaiser oder, mit seinem Einverständnis, ein Statthalter ins Reich überführte. Aus Gegnern wurden so mit der Zeit Römer. Neusiedler, Bundesgenossenkontingente und angeworbene Söldner machten einen festen, von Jahrhundert zu Jahrhundert wachsenden Teil des Heeres aus, das sich zum großen Schmelztiegel entwickelte und römische Kultur weit über die Garnisonen hinaus verbreitete. Roms Schlagkraft geriet dadurch nicht in Gefahr, da kein Nationalgefühl die Soldaten germanischer Herkunft hinderte, für ihren Kaiser gegen dessen germanische Feinde ins Feld zu ziehen. Neben Politik und Militär trug ein vielfältiges Wirtschaftsleben, dessen Rahmenbedingungen bisweilen staatlich geregelt waren, den römischen Einfluß über die Grenzen. Den Warenaustausch förderten die hohen Zahlungen, mit denen sich Rom Jahr für Jahr das Wohlverhalten vieler Stämme erkaufte. Dazu kam der Sold der Truppen und Hilfstruppen, der nicht nur römische, sondern auch germanische Händler anlockte.

Das Zusammenspiel all dieser Faktoren schuf jenseits von Rhein und Donau eine wenn nicht friedliche, so doch beruhigte breite Zone, deren politischer Eigenwille Rom gelegentlich herausforderte, der aber für das Gesamtreich keine Gefahr bildete. Doch diese Zone hatte ein tiefes Hinterland, von dem immer wieder Unruhe ausging. Sie griff leicht auf die Stämme im römischen Vorland über, deren eingespieltes Verhältnis zu Rom gestört oder gar zerstört werden konnte. Im Markomannenkrieg 166–180 n. Chr. und in den Germanenkriegen des folgenden Jahrhunderts häuften sich solche Einzelstöße, und man sah mit Recht in den beiden Epochen Vorläufer der Völkerwanderung. Warum aber gelang es im 2. und 3. Jahrhundert, die Krise zu bewältigen, während im 5. Jahrhundert die Einheit des Westens darüber zerbrach? Die Frage fordert zum historischen Vergleich heraus. Hatte sich Rom so verändert, daß es die Kraft für den Einsatz der bisherigen militärischen und politischen Mittel nicht mehr aufbrachte? Oder griffen die Mittel nicht mehr, weil die Gegenseite stärker als früher geworden war? Oder kam beides zusammen?

Beschränkt man sich bei den „Betrachtungen über die Gründe der Größe der Römer und ihres Niederganges" – um mit dem Titel von Montesquieus berühmtem Werk von 1734 zu sprechen – auf den engeren Vergleich der Germanenkriege vom 2. bis zum 5. Jahrhundert, so fällt ein Unterschied sofort auf: Im Markomannenkrieg kämpfte ein Kaiser – Marc Aurel – jahrelang an vorderster Front. Auch unter den kurzlebigeren Soldatenkaisern des 3. Jahrhunderts legitimierten sich einzelne Herrscher durch die Kriege, die sie gegen die Germanen führten. In der diocletianischen, constantinischen und valentinianischen Dynastie folgte dann fast ein Jahrhundert lang, von 285 bis zum verhängnisvollen August 378, die eindrucksvolle Reihe der Kaiser, die dank ihres unermüdlichen persönlichen Einsatzes an Rhein und Donau das Reich noch einmal so nachhaltig sicherten, daß sich bis zum Tag von Adrianopel alle Zweifel an seiner Ewigkeit verboten. Kein Kaiser scheute sich, mit seinen Truppen in den Kampf zu ziehen. Ammianus Marcellinus, der ehemalige Offizier, lobte die Kaiser dafür, auch wenn er an ihrer sonstigen Politik, Julian ausgenommen, kein gutes Haar ließ. Vor Constans, dem Bruder Constantius' II., vor Julian und Valentinian hätten die Alamannen Angst gehabt, bemerkt der Historiker gelegentlich (30,7,5–6), und bis auf Adrianopel weiß er im 4. Jahrhundert von keiner Schlacht gegen die Germanen, die unter Führung eines Kaisers verloren gegangen wäre.

Theodosius, den Gratian nach Valens' Tod wegen seiner militärischen Fähigkeiten zum Mitkaiser berufen hatte, war als Feldherr ein würdiger Nachfolger. Doch dann riß die Tradition ab. Bis zum Ende der Kaiserherrschaft im Westen 476 n. Chr. konnte man von keinem legitimen Throninhaber mehr sagen, daß er im ursprünglichen Sinn des Wortes *imperator* gewesen wäre und, von zaghaften Ansätzen abgesehen, kraft seiner feldherrlichen Gewalt, seines *imperium*, Truppen gegen den äußeren Feind geführt hätte. Vom Fundament des Kaisertums brach der wichtigste Teil weg, der die anderen Teile zusammenhielt und damit zugleich den Bestand des Reiches sicherte. Ein Grund dafür war, daß alle Nachkommen des Theodosius, die bis zum Ende seiner Dynastie 455 n. Chr. regierten, als Knaben oder sogar als Kinder auf den Thron kamen. Sie konnten zunächst gar kein Heer führen, und auch später füllten sie die Feldherrnrolle nie überzeugend aus. In den sechs Jahrzehnten nach Theodosius' Tod 395, die sich zur kritischsten Epoche für das Reich im Westen auswuchsen, war dessen Spitze stets schwach, bis sie schließlich ganz abbrach. Danach folgte kein zweiter Diocletian mehr, der wie am Ende des 3. Jahrhunderts die Krise bewältigt hätte. Selbst wenn mächtige und erfolgreiche Männer, Heermeister im militärischen und Prätorianerpräfekten im zivilen Bereich, den Thron stützten, waren sie kein Ersatz für das, was ein tüchtiger Kaiser, der Erbe einer vierhundertjährigen Monarchie, für die Bevölkerung des Reiches bedeutet hätte und was er für sie, allen Schwierigkeiten und Widerständen zum Trotz, hätte leisten können.

Man hat behauptet, auch ein Diocletian oder Constantin hätte am Ende vor der Völkerlawine kapituliert, die seit 376 das Reich überflutete. Die Behauptung geht von zeitgenössischen Stimmen wie denen aus, die im ersten Kapitel zitiert wurden. Doch die Zeitgenossen berichteten unter dem Eindruck des Schreckens und des Leids, das ihren Mitmenschen in den betroffenen Provinzen widerfahren war. Nüchternes Zählen hätte hier wie Hohn geklungen. Selbst kritische antike Historiker, die in zeitlichem Abstand schrieben, pflegten die Zahl der Feinde zu übertreiben, um Niederlagen zu entschuldigen und Siege zu vergrößern. Dazu kam die Auffassung von der „unbegrenzten Menge der Germanen", der Caesars Fortsetzer im „Gallischen Krieg" wie viele vor ihm und nach ihm folgte (8,7,5). Bildhaft sprach Jordanes in der „Gotengeschichte" vom gotischen „Bienenschwarm" (*examen apium*), der aus Skandinavien ausgeschwärmt sei, von der „Stämme-fabrik" (*officina gentium*) und dem „Völkerschoß" (*vagina nationum*) des Nordens (9;25). Die modernen Historiker haben solche Vorstellung inzwischen zurechtgerückt. Zu Hilfe kamen ihnen die Archäologen, die die Belegung von Gräberfeldern untersuchten, und die Paläobotaniker, die aus der Ernährungsgrundlage auf mögliche Bevölkerungsgrößen schlossen. Die Kundschafter des Valens, die 378 die gotischen Krieger in der Wagenburg auf 10 000 Mann berechneten, haben sich zwar verschätzt, aber schwerlich um mehr als 2000 bis 3000. Nimmt man die Reiter hinzu, die später eintrafen, so mögen es insgesamt etwa 15 000 Waffenfähige gewesen sein, mit denen es Valens zu tun hatte. Auf 15 000 Mann hat man auch die 35 000 Alamannen der Überlieferung reduziert, die Julian 357 bei Straßburg mit 13 000 römischen Soldaten schlug. Die authentisch klingende Zahl von 247 Toten, die nach der erbitterten Schlacht auf römischer Seite gezählt wurden, spricht für einen ungefähren Gleichstand der Gegner. Da als Faustregel für eine Stammesbevölkerung das Fünffache der Kriegerzahl gilt, belief sich also die Gesamtzahl der Goten und der ihnen folgenden Splitter aus anderen Stämmen, die zwischen 376 und 378 die Donau überschritten hatten, auf etwa 90 000 Menschen. Weitere Gruppen, die sich abgesondert hatten, kamen hinzu, doch dürften ihnen die Verluste entsprochen haben, die die Goten inzwischen erlitten hatten. Dazu passen die authentischen Zahlen für die helvetischen Nachbarstämme, die 58 v. Chr. aufbrachen und deren Größe Caesar im „Gallischen Krieg" überliefert: 36 000 Tulinger, 14 000 Latobiker, 23 000 Rauracer und 32 000 Bojer (1,29,2). 16 000 Krieger führte Geiserich 429 nach Africa, wenn man die 80 000 Menschen, die zuverlässig überliefert sind, nach dem genannten Schlüssel 1 : 5 aufgliedert. Wenn Kriegerzüge im Mittel nicht stärker als 15 000 Mann waren, so auch deswegen, weil bei größeren Heeren die Versorgung in Gefahr geriet. Alarich und Athaulf erfuhren das in Italien genauso wie die Stämme, die 407 und 408 Gallien heimsuchten, oder Witigis, der 540 Rom belagerte. Oft war Hunger der beste

Bundesgenosse der Römer. Man wird folglich auch von den Zahlen, die für den Einfall des Radagais in Italien 406 überliefert sind, nämlich 400000, 200000 und über 100000, die niedrigste, die des Zeitgenossen Augustinus in seinem „Gottesstaat" (5,23), vorziehen und die Streitmacht des Goten auf 20000 Krieger beschränken. Eine Ausnahme machte die buntgemischte Koalition, die Attila 451 nach Gallien führte. Jordanes' Angabe in der „Gotengeschichte" (182), 500000 Mann, ist gewiß zu hoch. Aber selbst wenn man die Zahl halbiert, ist der Sieg des Aëtius noch beachtlich. Er belegt jedoch, daß energischer römischer Widerstand und kluger Einsatz der germanischen Föderaten die Gegner immer noch das Fürchten lehrten. Die Aufgaben, die sich an Rhein und Donau, dazu an den anderen Fronten stellten, waren seit 376 gewiß so groß wie in den schwersten Zeiten, die das Reich erlebt und überlebt hatte. Aber sie wären von einer tatkräftigen Reichsspitze zu bewältigen gewesen. Zwei Kaiser hätten sich in die Aufgaben teilen und sich ihnen vor Ort stellen können, wie dies das System Diocletians vorsah, das noch von Valentinian, Valens und Gratian befolgt wurde. Oder ein einzelner Kaiser hätte, von einem Caesar unterstützt, zwischen den Fronten pendeln müssen, wie das Constantius tat. Aber nach Theodosius gab es solche Kaiser nicht mehr. Die vielfältigen politischen und sozialen, kulturellen und religiösen Gründe, die man für die Auflösung des weströmischen Reiches verantwortlich gemacht hat, sind zweitrangig. Denn in welchem Ausmaß sie auch immer mitgespielt haben mögen – sie änderten im 5. Jahrhundert nichts an der Schwäche der Reichsspitze, folglich auch nichts an den unmittelbaren Folgen dieser Tatsache ersten Ranges.

Als 375 Valentinian II. mit vier Jahren auf den Thron gehoben wurde, meldeten sich erstmals Stimmen, die darauf verwiesen, welche Gefahr Kinderkaiser für das Reich bildeten. An dieses Kind oder an Theodosius' minderjährige Söhne und Nachfolger dachte der unbekannte Verfasser der „Historia Augusta", der in der Vita des Kaisers Tacitus (275–276) einem Senator in Rom folgendes Gebet in den Mund legte: „Die Götter mögen verhindern, daß Knaben Kaiser werden und daß man „Vater des Vaterlandes" Unmündige nennt, denen Schreiblehrer bei der Unterschrift die Hand halten müssen, die sich von Süßigkeiten, Kringeln und anderem Naschwerk für Kinder verlocken lassen, Consulate zu vergeben. O weh, welchen Sinn macht es, einen Kaiser zu haben, der nicht für seinen Ruhm sorgen kann und nicht weiß, was ein Staat ist, der seinen Erzieher fürchtet und nach seiner Amme schielt, der vor den Rutenstreichen seiner Lehrer zurückschreckt und die zu Consuln, Heerführern und Statthaltern ernennt, von deren Leben, Verdiensten, Alter, Familie und Taten er keine Ahnung hat" (6,5–6). Vor allem die Folgen für die Personalpolitik nährten die Vorbehalte des Verfassers, weniger der Gedanke, daß ein Knabe im kaiserlichen Purpur nicht in der Lage war, ein Heer zu führen. Diese Sorge trieb dagegen den Philosophen und Redner Synesius um, den späteren Bischof von Kyrene, als er um 400 dem Theodosiussohn Arcadius in Konstantinopel seine Rede „Über das Kaisertum" vortrug. Mit zwanzig Jahren war Arcadius zu der Zeit kein Kinderkaiser mehr. Aber ihn hinderte die Entwicklung des Hoflebens, als Feldherr in die Fußstapfen seines Vaters zu treten. Immer mehr wurde nämlich der Herrscher zum „Kammerkaiser", zum *princeps clausus*, sein Palast zur „göttlichen Wohnung", zur *domus divina*, in der er, von einem feierlichen Zeremoniell geknebelt, ein abgeschiedenes Leben führte. Mit seiner Rede versuchte Synesius, den Kaiser „aus dem Palast zu führen" zu den Soldaten, „seinen Freunden". Denn „nichts habe dem römischen Reich bisher so geschadet wie die Scheinwelt und die Liebedienerei um die kaiserliche Person". Der Redner erinnerte Arcadius an seine Vorgänger, die sich willig den Strapazen im Feld aussetzten und als „Kriegshandwerker" die Barbaren von den Grenzen verjagten (12–15). Zu diesem Zweck hatten sie auch ihre Residenzen, die Verwaltungszentren des Reiches, in Frontnähe verlegt. Doch nun wurden erst Trier und Sirmium zugunsten von Arles und Mailand aufgegeben, und als diese ebenfalls nicht mehr sicher genug schienen, machte Honorius 404 das abgeschiedene Ravenna zur Residenz, das mit seinem sumpfigen Umland und seiner

Fluchtmöglichkeit über das Meer den gefährdeten Reichsbewohnern verriet, wes Geistes Kind ihr Herr war.

Die Siegestitel *Germanicus maximus, Alamannicus maximus, Francicus maximus* und *Gothicus maximus* verkündeten noch im 4. Jahrhundert in der Regel solche Siege, die die Kaiser selbst, nicht ihre Heerführer, errungen hatten. Zugleich standen die Titel dafür, daß ihre Träger den römischen Boden von den genannten Feinden gesäubert und die Grenzen erneut vor ihnen gesichert hatten. Die Angreifer mußten sich der *maiestas* des Kaisers und des römischen Volkes beugen. Wurden Überlebende in das Reich aufgenommen, so nur wie bisher als fremde Unterworfene, als *peregrini dediticii*. Diese eherne Regel durchbrach Theodosius mit dem Gotenvertrag von 382, und der Bruch dürfte mit ein Grund dafür gewesen sein, daß er sich zwar auf Münzen wie seine Vorgänger als Barbarensieger feierte und in Konstantinopel eine Siegessäule errichtete, aber sich nicht mehr *Gothicus maximus* nannte. Mit Gratian hörten die Siegestitel auf, und es ist bezeichnend, daß erst Justinian, der das römische Reich in seinen alten Grenzen wiederherstellen wollte, die Tradition erneuerte.

Synesius sah nach zwei Jahrzehnten die Folgen von Theodosius' Gotenvertrag. Er war nicht so optimistisch wie der Redner Themistius, der nach dem Vertragsabschluß dem Kaiser ausgemalt hatte, aus den autonomen gotischen Föderaten würden eines Tages gute römische Bürger werden. Vielmehr hätten die Goten, denen moralische Werte fremd seien, seitdem schamlos die Großzügigkeit des Theodosius ausgenützt, der damit nur neue Barbarenscharen angezogen habe. Vor solchem Edelmut des Vaters wollte Synesius den Sohn bewahren und ihn ermuntern, auf dem Schlachtfeld den militärischen Einbruch von 378 und den politschen Fehler von 382 rückgängig zu machen. Doch Arcadius im Osten war genauso wenig Soldat wie sein Bruder Honorius im Westen. Keiner von ihnen war in der Lage, die Entwicklung aufzuhalten, die vom Vertrag von 382 zu den Zügen Alarichs und Athaulfs auf der Balkanhalbinsel und in Italien, in Gallien und in Spanien führten. Die beiden Goten waren die ersten Föderaten und

Heermeister, die sich die Schwäche des Kaisertums zunutze machten und versuchten, aus ihrer Stellung heraus eine Territorialherrschaft zu gewinnen. Sie scheiterten noch, aber spätere Germanenführer waren erfolgreicher. Die Kaiser gaben sich damit zufrieden, daß ihnen nominell die Oberhoheit über die neuen Königtümer in ihrem Reich verblieb, zusammen mit der Aussicht, deren militärisches Potential für das Gesamtimperium einzusetzen, an dessen Bestand beiden Seiten gelegen war.

Synesius hatte für die Sicherheit des Reiches Arcadius zusätzlich vorgeschlagen, alle Nichtrömer aus den zivilen und militärischen Stellungen zu entfernen und das Heer von seinen germanischen Elementen zu säubern. Der Kaiser sollte wieder an der Spitze eines römischen Bürgerheeres ins Feld ziehen (19–21). Der Redner hing einer Illusion an, bei der er nicht nur die sozialen Bedingungen übersah, die für den Wandel im Militär verantwortlich waren. Er vergaß auch, daß die Kaiser seit Constantin ihre Siege mit Armeen errungen hatten, in denen die Germanen das Übergewicht besaßen. Seit Constantius riß zudem die Reihe der germanischen Heermeister nicht mehr ab, die wir namentlich kennen und von denen aus wir schließen können, daß das Offizierskorps ebenfalls von Germanen durchsetzt war. Synesius war nicht der einzige, der dem Verdacht erlag, daß die fremden Söldlinge, sooft es gegen ihre Stammesgenossen ging, nicht ihr Bestes gaben. Doch der allgemeine Verdacht war unbegründet. Das Gerücht, alamannische Offiziere hätten 354 am Oberrhein ihren Stammesbrüdern die Aufmarschpläne des Constantius verraten, war böswillige Ausrede für das magere Ergebnis, das der Feldzug einbrachte. Der fränkische Heermeister Silvanus griff im folgenden Jahr in Köln nur nach dem Purpur, weil ihn eine verleumderische Hofclique um Constantius in Lebensgefahr brachte. Nichts änderte sich für ihn an seinem Auftrag, die Grenze des Reiches am Rhein zu verteidigen. Die Loyalität der Germanen wandelte sich erst, wenn ein Usurpator gegen den regierenden Kaiser aufstand und ihren Wünschen besser zu dienen schien. Die Erhebungen Julians 360 und seines Verwandten Procopius 366, die des Magnus Maximus 383 und des Constantius 407 sind beredte Beispiele. Nur erging es den Germanen bei ihrem Stellungswechsel nicht anders als den Römern. Sie folgten ihren Interessen und den jeweils besten Siegesaussichten. Zu den materiellen Vorteilen, die bei den einfachen Soldaten die Anhänglichkeit an ihren obersten Feldherrn, den alten oder den neuen Kaiser, festigten, kamen bei einzelnen Heermeistern und Offizieren weitere Gründe, die sie zu treuen Verteidigern des Reiches machten: die Liebe zur römischen Kultur, die Freundschaft mit römischen Adligen, die Heirat mit vornehmen Römerinnen und die Verehrung römischer Götter oder des Christengottes.

All diese Bedingungen hätte ein starker Kaiser im 5. Jahrhundert weiter nutzen können, da sie sich – das Christentum ausgenommen – gegenüber den vorangegangenen Epochen nicht verändert hatten. Ammianus Marcellinus, der erlebte, wie dem vierundzwanzigjährigen Gratian 383 in weniger als einem Jahr das Heer und damit die Herrschaft gegen den Usurpator Magnus Maximus entglitt und wie der Knabe Valentinian II. zeitlebens eine Marionette blieb, erinnerte seine Leser daran, wie wichtig eine feste Hand an der Spitze des Reiches war. Der verhaßte Constantius gefiel ihm insofern, als er darauf achtete, daß das Militär „die Hörner nicht zu hoch trug". Ausdrücklich vermerkte der Historiker, das habe für die Kommandeure der Grenztruppen, die *duces*, ebenso gegolten wie für die Heermeister, die den Kaiser begleiteten oder die großen Militärsprengel verwalteten. Mit Beförderungen sei Constantius sparsam gewesen und habe den Wechsel vom Heer in die Zivilverwaltung und umgekehrt unterbunden (21,16,1–3). Der Kaiser schob auf diese Weise ‚Seilschaften' einen Riegel vor. Auch an dem oft getadelten Valens rühmte Ammianus, er sei „ein gestrenger Verbesserer der Disziplin im Heer und in der Zivilverwaltung" gewesen (31,14,2). Was sich korrupte Amtsträger in beiden Bereichen trotzdem erlaubten, wenn der Kaiser nicht an Ort und Stelle war, belegt die Vorgeschichte von Adrianopel. Es hatte seinen guten Grund, daß Ammianus das Augenmerk zugleich auf das Militär, die *militia armata*, und auf die militärisch organisierte Bürokratie, die *militia palatina*, richtete. Der Kaiser mußte die doppelte Gefahr bannen, die Constantin durch die Trennung von höchster Militär- und Zivilgewalt heraufbeschworen hatte: Ihre Inhaber sollten weder gegeneinander arbeiten noch sich zum Schaden des Staates zusammentun.

Das Bild änderte sich mit dem Kinderkaiser Valentinian II. Ein germanischer Heermeister, der Franke Merobaudes, setzte durch, daß der Vierjährige zum Kaiser ausgerufen wurde. Seinem Nachfolger Bauto, der ebenfalls fränkischer Herkunft war, warf der Usurpator Magnus Maximus vor, daß er sich „unter den Augen des Knaben eine Königsherrschaft (*regnum*) errichten wolle". Bischof Ambrosius berichtete in einem Brief an den jungen Kaiser den Satz, den er selbst aus dem Mund des Usurpators gehört hatte (24[30],4). Vom Franken Arbogast, der 385 Bautos Amt übernahm, konnte man mit noch größerem Recht sagen, daß er eine königliche Stellung hatte. Mit seinen militärischen Fähigkeiten und mit großzügigen Geschenken, für die er sich aus dem Staatsschatz bedient haben dürfte, stach er Valentinian beim Heer aus. Dazu vergab er nicht nur militärische, sondern auch zivile Ämter an fränkische Landsleute und sicherte sich so zusätzlich. Als der Kaiser verzweifelt versuchte, sich aus seiner Umklammerung zu lösen, zerriß der Heermeister das Entlassungschreiben. Nicht verwunderlich war daher, daß Arbogast in den Verdacht geriet, er habe den Kaiser, der 393 mit 21 Jahren Selbstmord beging, in den Tod getrieben. Als der Heermeister wenige Wochen später den Senator Eugenius auf den Thron setzte, hätte er seine Macht nicht besser demonstrieren können. Kaum jemand kannte den ehemaligen Redelehrer, der Diener seines Schöpfers blieb.

Noch allerdings konnte man keinem Heermeister den Vorwurf machen, er habe seine Macht nicht mehr in den Dienst des Reiches gestellt. Kaum hatte Arbogast den Eugenius gekürt, als er einen Feldzug gegen seine fränkischen Landsleute am Rhein plante, um seine Proklamation vor Theodosius in Konstantinopel zu rechtfertigen. Im Winter 393/94 zog er mit Eugenius nach Köln und von dort über den Rhein. Theodosius ließ sich davon jedoch nicht beeindrucken und machte im September 394 am Frigidus der Herrschaft des ungleichen Paares ein Ende. Wäre er selbst nicht wenige Monate später gestorben, so hätte er auch die unheilvolle Wende für das Reich verhindert, das Gegeneinander der beiden Heermeister Stilicho und Alarich, das zugleich zum Gegeneinander von Westreich und Ostreich wurde. Einem einzelnen energischen Kaiser, der die Kräfte der beiden Reichsteile gebündelt hätte, wäre Alarich, der nirgends einen durchschlagenden Sieg errang, nicht gewachsen gewesen. Erst recht hätte sich der Gote von vornherein das Ziel aus dem Kopf schlagen müssen, das er bei seinen Zügen vor Augen hatte: eine eigenständige Herrschaft unter einem nachsichtigen kaiserlichen Oberherrn und in einer Region, die seinen Stammesgenossen und den anderen Mitläufern eine nicht allzu beschwerliche Existenz geboten hätte. Einem Kaiser nach der durchaus realistischen Vorstellung des Synesius wäre auch gelungen, den Heermeister Alarich 406 in die Pflicht zu nehmen. Er hätte ihn mit seinen Goten gegen Radagais geführt, so wie Theodosius ihn 394 gegen Eugenius eingesetzt hatte. Stilichos verzweifelter Ausweg, Truppen vom Rhein abzuziehen, hätte sich erübrigt, und dem Reich wäre ein weiterer Schicksalstag erspart geblieben, der 31. Dezember 406, an dem die Völkerkoalition die ausgedünnte Verteidigungslinie nach Gallien durchbrach. Es folgten nach dem Beispiel des Gotenvertrages von 382 und der Verträge mit Alarich die Föderatenverträge auf gallischem Reichsboden mit den verschiedenen Germanenscharen. Den Anfang machte der Usurpator Constantin III. Der Kirchenhistoriker Orosius erhob mit Recht den Vorwurf gegen ihn, daß er mit den Verträgen „dem Staat mehr Schaden zufügte", als daß sie ihm Nutzen brachten (7,40,4). Der Heermeister Constantius suchte den Usurpator mit denselben Mitteln auszustechen. Am Kaiserhof mochte man in herkömmlicher Weise den Frieden feiern, der durch die Verträge gesichert wurde, und die Freundschaft beschwören, die die Vertragsparteien verband. Näher an der Wirklichkeit und an der Stimmung unter den Provinzialen war der Priester Salvian von Marseille, der um 440 in seiner Schrift „Vom Walten Gottes" schonungslos feststellte: „Wo sind denn die alten Machtmittel und Würden der Römer? Einst waren die Römer die stärksten, jetzt sind sie ohne Kraft; die alten Römer wurden gefürchtet, wir leben in Furcht; ihnen zahlten die Barbarenvölker Steuern, wir sind die Steuerzahler für die Barbaren" (6,98). Der Moralist Salvian, der seine Mitchristen aufrütteln wollte, sprach nur allgemein von Römern. Ein politischer Kritiker hätte den Ersten aller Römer, den Kaiser, anklagen müssen. Immer geringer wurde die Zahl derer, die glaubten, eines Tages würden aus den Germanen Nachbarn, denen man guten Gewissens das römische Bürgerrecht geben oder, besser noch, die man in den Stand von „fremden Unterworfenen", *peregrini dediticii*, hinabzwingen könne. Auch die Hoffnung schmolz, die Stämme würden an den Gegensätzen zerbrechen, die immer wieder zwischen ihnen aufflammten, und Rom würde ohne sein Zutun Sieger werden. Orosius brachte die Hoffnung 418 in einer kaum völlig historischen Überlieferung im Schlußkapitel seines Geschichtswerkes zum Ausdruck, nachdem er gerade Zeuge geworden war, wie sich die Germanenstämme in seiner Heimat Spanien bekämpft hatten. Die Könige der Goten, Alanen, Vandalen und Sueben hätten Kaiser Honorius folgende feierliche Bitte mitteilen lassen: „Halte du mit allen Frieden und nimm von allen Geiseln; wir kämpfen mit uns, wir gehen durch uns zugrunde, wir siegen für dich, ein wahrhaft unvergänglicher Gewinn für deinen Staat, wenn wir durch unsere eigene Hand zugrunde gehen" (7,43,14). Orosius und sein Gewährsmann schrieben das bekannte Wunschgebet fort, das Tacitus in der „Germania" gesprochen hatte (S. 40). Noch halfen alle bedeutenden Heermeister des 5. Jahrhunderts: Stilicho und Constantius, Aëtius, Ricimer und Aegidius, bei solchen Kämpfen kräftig nach. Jeder Föderatenvertrag wurde mit dieser Absicht geschlossen. Aber es waren eben nur die Heermeister, die die Politik mit Billigung ihrer Herren betrieben und dabei immer auch eigene Ziele mitverfolgten. Ein siegesbewußter Kaiser, der mit seinem Heer erschienen wäre, hätte einem Germanenkönig auch bei Verhandlungen ganz anders die Stirn bieten können. Die Berichte, die wir über solche Begegnungen bis in die Zeit von Valens und Theodosius haben, mögen manches topische Element enthalten. Doch nicht zu zweifeln ist an ihrem Kern, daß sich die Stammeskönige voll Ehrfurcht der kaiserlichen Majestät näherten, in der sich für sie die Majestät des Reiches verkörperte. Diese wichtige Seite im diplomatischen Verkehr fiel gleichfalls mit den Kinder- und Kammerkaisern weg, die kein fremder Fürst mehr zu Gesicht bekam. In eben den Jahrzehnten, in denen das Kaisertum immer schwindsüchtiger wurde, nahm die Macht einzelner Stammeskönige dank ihrer neuen, Römer und Germanen umfassenden Territorialherrschaft immer mehr zu. Erst recht vergrößerte sich die Macht desjenigen Königs, der einen anderen König besiegte. Die Zwietracht unter den werdenden Germanenreichen, die die römischen Heermeister auszunutzen suchten, mußte am Ende demjenigen König, der die meisten Konkurrenten ausschaltete, die Alleinherrschaft einbringen. In Gallien wurde der Frankenkönig, in Spanien der Westgotenkönig und in Italien der Langobardenkönig der Sieger zu einer Zeit, als es im Weströmischen Reich keinen Kaiser mehr gab und der Kaiser im Ostreich seine Oberhoheit nur mehr aus ungefährlicher Ferne ausübte.

X. Die Völkerwanderung
und das deutsche Sonderbewußtsein

Unser Wort „Völkerwanderung" verbreitete sich, wie das vierte Kapitel gezeigt hat, zur Zeit der Französischen Revolution und der Befreiungskriege, in der Epoche also, in der sich auch das moderne deutsche Nationalbewußtsein zu entwickeln begann. Noch wenige Jahrzehnte zuvor war für Zschackwitz und seinen Gefolgsmann in Zedlers Lexikon die Vorstellung, ganze Völker hätten sich auf Wanderschaft begeben, undenkbar (S. 36). Solche turbulenten Massenaktionen hätten ihrer Welt, dem absolutistischen Staat, widersprochen, in dem der von Gott eingesetzte Fürst für sein Volk sorgte, so daß es nicht wegzuziehen brauchte. In Frankreich wurde zur selben Zeit heftig über die historische Bedeutung und die politischen Folgen der Völkerwanderung gestritten. Henri de Boulainvilliers entnahm ihr ein schlagkräftiges Argument im Kampf der Aristokratie gegen die zentralistische Krone: Die französischen Vornehmen stammten von den Franken ab, die als freie, gleichberechtigte Gefährten ihres Königs Gallien eroberten und die früheren Bewohner zu Leibeigenen machten. Aus den Leibeigenen ging später der Dritte Stand hervor. Boulainvilliers vertrat diese Auffassung in seiner 1727 postum erschienenen „Histoire de l'ancien gouvernement de la France", und von ihr ließ sich noch Joseph-Arthur de Gobineau in seinem einflußreichen „Essai sur l'inégalité des races humaines" von 1853 anregen. Gegen Boulainvilliers wandte sich 1735 der Monarchist Jean-Baptiste Dubos in seiner „Histoire critique de l'établissement de la monarchie française dans les Gaules": Die fränkischen Könige kamen nach Gallien nicht als Eroberer, sondern als *officiers de l'Empire*, als „Amtsträger des römischen Reiches", wo sie keineswegs die Bevölkerung unterdrückten. Dubos hatte die Quellen genauer gelesen und war auf die germanischen Heermeister gestoßen. Ihre *foedera* mit den Römern waren das legitimierende Band, das die französischen Könige zu Nachfolgern der römischen Kaiser machte. Charles de Montesquieu sprach in seinem 1748 veröffentlichten Hauptwerk „De l'esprit des lois" in einer Nebenbemerkung einmal von „unseren Vätern, den Germanen" (6,18). Aber die Verbindung zu den Vätern war für ihn, im Gegensatz zu seinen beiden Vorgängern, keine gerade Linie, sondern durchlief eine Entwicklung, bei der die Eroberer vor allem ihre altgermanische Freiheit einbrachten. Diese Freiheit vertrug sich für Montesquieu durchaus mit einer ständisch gegliederten Gesellschaft und den Privilegien von Adel und Klerus. Sie galt es, sowohl gegen den König wie gegen den sämtliche Nichtadligen umfassenden Dritten Stand zu verteidigen.

Mit der Französischen Revolution wurden solche historischen Rechtfertigungen von Monarchie und Adel zu Anklagen, welche die Vorkämpfer des Dritten Standes ebenfalls aus der Völkerwanderung begründeten. Abbé Emmanuel-Joseph Sieyès rief 1789 in seiner Programmschrift „Was ist der Dritte Stand?", dieser Stand sei nichts anderes als die Nachkommenschaft der gallo-römischen Bevölkerung, die sich jetzt von den fränkischen Eroberern, dem Adel, befreien und ihre alten Rechte zurückfordern werde. Im publizistischen Streit diente der Germanenname beiden Seiten dazu, dem Gegner das echte Franzosentum abzusprechen. Der Monarchist Jacques Mallet Du Pan charakterisierte 1793 in seinen „Betrachtungen über die Natur der Französischen Revolution" die Revolutionäre so: „Die Hunnen und die Heruler, die Vandalen und die Goten werden weder vom Norden noch vom Schwarzen Meer kommen, sie sind mitten unter uns". Damals erhielten der Stammesname „Vandalen" und das Kunstwort „Vandalismus" ihre abschätzige Bedeutung. Die Revolutionäre erblickten allerdings in den Helden der Römischen Republik ihre Ahnen. Es war nur folgerichtig, daß Napoleon und das Kaiserreich Iulius Caesar, den Zerstörer der Republik, den Großonkel und Adoptivvater des ersten römischen Kaisers, zum Leitbild erhoben.

In Deutschland entdeckte man währenddessen die Völkerwanderung als geistigen Schild, den man Frankreichs Expansion und dem Export seiner Ideen entgegenhalten konnte. Im Alten Germanien sah man ein Bollwerk gegen das Neue Rom jenseits des Rheins. Der Historiker Heinrich Luden hielt 1808 in Jena, zwei Jahre, nachdem Napoleon in der Doppelschlacht von Jena und Auerstedt Preußen besiegt hatte, „Vier öffentliche Vorlesungen", die er 1810 drucken ließ. Wen er mit dem Ruckgriff in die Geschichte anspornen und wen er warnen wollte, brauchte er nicht zu erläutern: Als die Römer in Laster und Schmach versanken, „da standen die Deutschen da in alter Kraft, Tapferkeit und Einfalt. Die Welt lag vor ihnen: sie waren die Herren der Welt, sobald sie es sein wollten. Sie wurden die Herren der Welt! In alle Länder Europas trugen sie deutsches Leben und deutsche Sitte und verpflanzten die deutsche Verfassung hierhin und dorthin: alle Völker Europas verdanken ihre Gesetze und Rechte und den Grund ihrer ganzen gesellschaftlichen Verfassung den Deutschen". Luden setzte die Deutschen einfach mit den Germanen gleich und gab ihnen eine uralte gemeinsame Verfassung. Es war ein Schluß, der bis zu den Humanisten zurückging, die Tacitus' „Germania" in diesem Sinn ausgelegt hatten. Eine weitere Folgerung lautete, der deutsche Nationalcharakter habe seine Wurzeln in Germaniens Wäldern, und auch er sei sich immer gleich geblieben. Die angebliche Kontinuität wurde ein Lieblingsgedanke des aufblühenden deutschen Nationalismus, der immer dann neue Nahrung erhielt, wenn es um Gründe für den Gegensatz zu Frankreich und zum romanischen Wesen ging. Luden beschränkte die segensreiche Wirkung der Völkerwanderung nicht wie die vorrevolutionären französischen Denker auf Frankreich, sondern dehnte sie auf ganz Europa aus: Die Germanen haben nicht einfach zerstört; sie haben das morsche Alte beiseite geräumt, um das Fundament für ein neues Europa zu legen. Ludens nüchterne Rede von Verfassung, Recht und Gesetz überhöhte Helmuth von Moltke pathetisch zum Glück, das die Germanen den Franzosen gebracht hätten. In einem weit ausgreifenden Aufsatz „Die westliche Grenzfrage" versicherte er 1841: „Die Niederlassung deutscher Eroberer in ihrem Lande war ebensosehr ein Glück und Heil für die Gallier, als früher die Niederlassung der Römer ein Unglück und Unheil für sie gewesen war. Durch die Römer hatten sie die Nationalität, die Selbständigkeit, die Freiheit, die guten Sitten und gesunde Existenz verloren, durch die Deutschen erhielten sie dieselben. Erst durch die Vermischung der sklavischen und in Laster versunkenen Bevölkerung mit den freien und kräftigen Franken, Gothen und Burgundern kam wieder ein gesundes Leben in die Bevölkerung Galliens, ein neues Nationalgefühl, eine neue Volkssitte, gegründet auf die Ehre, und ein neuer Rechtszustand, gegründet auf die Freiheit". Der Sieg im Deutsch-Französischen Krieg 1870/71, dessen strategischer Vater Moltke war, beflügelte die Überzeugung, daß die Deutschen es ihren Vorfahren nachmachen und ihre besondere Aufgabe in Europa und in der Welt wahrnehmen müßten. Zum geflügelten Wort wurde Emanuel Geibels Heroldsruf

1871: „Und es mag am deutschen Wesen / Einmal noch die Welt genesen". Hatte sich in der Niederlage Frankreichs nicht die Geschichte wiederholt? Erinnerten Absetzung und Exil des französischen Kaisers Napoleon III. nicht an die Absetzung des letzten römischen Kaisers Romulus Augustulus, der ebenfalls den Rest seines Lebens in komfortabler Verbannung verbringen durfte?

Die Völkerwanderung wurde nun auch ein beliebtes Thema für historische Romane und Jugendbücher, die weit über den Kreis der Wissenschaft hinaus ein deutsches „Sonderbewußtsein" vermittelten und historisch zu begründen suchten. Anführer der Riege deutschnationaler Verfasser waren Gustav Freytag und Felix Dahn. Freytag, dessen sechsbändiger Romanzyklus „Die Ahnen" 1872 zu erscheinen begann, bekannte in einem Brief: „Ich habe mich seit 67 damit getragen, aber reif ist die Geschichte mir erst unter den Eindrücken des Feldzuges von 70 geworden, und ich darf wohl sagen, es sind meine Kriegserlebnisse". Dahn, der ein renommierter und unablässig publizierender Rechtsprofessor und Historiker war, versprach in seiner literarischen Produktion, zu der auch Theaterstücke und Balladen gehörten, seriöses Hintergrundwissen zu vermitteln. Wie „Die Ahnen" erlebte Dahns „Ein Kampf um Rom" von 1876 in den nächsten Jahrzehnten fast jedes Jahr eine Neuauflage. Mit umgekehrtem Vorzeichen gab es solche Literatur auch in Frankreich. 1872, als der erste Band von Freytags Ahnen erschien, veröffentlichte Alphonse Daudet eine „Montagserzählung" mit dem Titel „Der Preuße des Belisar". Die „traurige und wahre Geschichte" handelte von einem Pariser Schreiner namens Belisar, der am Tag nach dem Waffenstillstand im Keller seiner ausgeplünderten Werkstatt auf einen preußischen Soldaten stieß, ihn voll Zorn auf die Sieger erschlug und die Leiche in die Seine warf. Der große Feldherr Belisar hatte in Italien die Gotenheere besiegt, der kleine Namensvetter rächte auf seine Weise die Niederlage Frankreichs.

Neben dem deutsch-französischen Gegensatz gerieten – oft unterschwellig – andere politische Facetten in die wissenschaftlichen Arbeiten zur Völkerwanderung und wirkten von dort oder unmittelbar von der Politik auf den literarischen „Germanismus" ein: Nachdem man schon die Reformation als Ausdruck des uralten germanischen Freiheitsstrebens gegen die römische Bevormundung verstanden hatte, erschien Bismarcks Kulturkampf als Fortsetzung dieser Auseinandersetzung. Zur Innenpolitik kam die Außenpolitik: Der beginnende Kolonialismus des Deutschen Reiches erstrebte für die Deutschen einen „Platz an der Sonne", folgte also einem Drang, der bereits die Germanen zu ihren Zügen aus dem kalten Norden in den warmen Süden veranlaßt hatte. Es war der alte „Kampf ums Dasein", bei dem sich in der Völkerwanderung die stärkeren Naturen durchgesetzt hatten, und den nun der Sozialdarwinismus zum Gesetz erhob. Mit dem Sozialdarwinismus verband sich der Rassegedanke, und dessen eifrigster Verfechter, Houston Stewart Chamberlain, konnte 1899 in der „Allgemeinen Einleitung" zu seinem Propagandawerk „Die Grundlagen des 19. Jahrhunderts" erklären: „Es ist unwahr, daß der germanische Barbar die sogenannte ‚Nacht des Mittelalters' heraufbeschwor; diese Nacht folgte vielmehr auf den intellektuellen und moralischen Bankrott des durch das untergehende römische Imperium großgezogenen rassenlosen Menschenchaos; ohne den Germanen hätte sich ewige Nacht über die Welt gesenkt; ohne den unaufhörlichen Widerstand der Nichtgermanen, ohne den unablässigen Krieg, der heute noch aus dem Herzen des nie ausgetilgten Völkerchaos gegen alles Germanische geführt wird, hätten wir eine ganz andere Kulturstufe erreicht als diejenige, deren Zeuge das 19. Jahrhundert war". Für Chamberlain hatte der germanisch-romanische Dualismus der Völkerwanderung nie aufgehört, und er würde nicht aufhören, da er auf dem unabänderlichen Gegensatz der Rassen beruhte. Kaiser Wilhelm II. nannte den Verfasser in einem Brief vom 31. Dezember 1901 seinen „Streitkumpan und Bundesgenossen im Kampf der Germanen gegen Rom, Jerusalem usw.". Der Antisemitismus konnte hier nahtlos anschließen.

Chamberlains Buch war einer der auffälligsten Flicken auf dem historischen Gewand, mit dem sich in Deutschland der aus dem Nationalismus geborene und in den Ersten Weltkrieg mündende Imperialismus drapierte. Selbst Historiker, die in der Nachfolge Rankes immer nur zeigen wollten, „wie es eigentlich gewesen", konnten sich dem nationalen Pathos nicht entziehen. Der Ranke-Schüler Alfred Dove schrieb in den „Studien zur Vorgeschichte des deutschen Volksnamens", die 1916, ein Jahr nach seinem Tod, von Friedrich Meinecke herausgegeben wurden: „Die Völkerwanderung ist daher nicht bloß der großartige Ortswechsel einer Völkermenge; die migrationes gentium bedeuten vielmehr zugleich die Einwanderung einer neuen Generation frischer gentes in die Universalgeschichte selbst; wodurch mit einer national erstorbenen Vergangenheit gebrochen ward, um über die Schwelle einer ethnologisch gestalteten Gegenwart hinweg eine national wiederbelebte Zukunft heraufzuführen". 1916 war die Mehrzahl der Deutschen noch überzeugt, der Krieg werde die „national wiederbelebte Zukunft" eines vergrößerten Deutschland heraufführen. Doves Zungenschlag war vergleichsweise moderat. Kräftiger rührte der Prähistoriker Gustaf Kossinna die Trommel, als er 1917 einen „Kriegsvortrag" über „Altgermanische Kulturhöhe" hielt. Ausgehend von der schon bei Tacitus zu lesenden Bemerkung, die Germanen seien wackere Trinker gewesen, belehrte er seine Zuhörer mit hörbarer Anspielung auf andere Nationen, denen man den Vorwurf mit größerem Recht zu machen glaubte: „Ein Zechervolk ist auf die Dauer kein Heldenvolk, sondern einem raschen Untergang geweiht. Die Germanen waren aber ein Heldenvolk und sind es stets geblieben. Denn nur ein durch und durch mannhaftes, leistungsfähiges Volk konnte am Ende der römischen Kaiserzeit die Welt erobern, überall in Europa neue Staaten auf germanischer Grundlage mit germanischem Verfassungs-, Gerichts-, Heerwesen und germanischer Ständegliederung bilden und nach stärkster Bluterneuerung der alten, vollkommen verlebten römischen Untertanenvölker den eigentlichen Kern jener fälschlich „Romanen" genannten Stämme bilden".

Man mußte nur als Ziel der germanischen Eroberung das Wort „Lebensraum" einsetzen, so war die Brücke von der

Völkerwanderung zur nationalsozialistischen Ideologie und zum Zweiten Weltkrieg geschlagen. Hitler war in seinem „Zweiten Buch" von 1928 überzeugt: „Das deutsche Volk befand sich seit seinem historischen Eintritt in die Weltgeschichte stets in Raumnot. Ja, sein erstes politisches Auftreten überhaupt wird erzwungen durch diese Not. Und seit dem Beginn der Völkerwanderung hat unser Volk niemals mehr seine Raumnot zu beseitigen vermocht, außer durch Schwerteroberung oder durch eigene Volksverminderung. Diese Volksverminderung besorgten bald der Hunger, bald die Auswanderung, manches Mal endlose unglückliche Kriege ...". Im ersten Jahr des Rußlandfeldzuges 1941 erläuterte Hitler bei einem seiner „Monologe im Führerhauptquartier" den anwesenden Offizieren: „Der Krieg ist zur Urform seines Daseins zurückgekehrt: An die Stelle von Völkerkriegen tritt aufs neue der Raumkrieg". Wie so oft holte er sich für seine menschenverachtende Politik scheinbare Bestätigung aus der Geschichte: „Die Völkerwanderung war vom Osten ausgegangen; von nun an fluten die Völker vom Westen nach dem Osten zurück. Das entspricht dem Prinzip der Natur, es ewig neu durch Kampf zur Auslese kommen zu lassen: Das Gesetz des Daseins fordert ununterbrochenes Töten, damit das Bessere lebt". Solcher Vulgärdarwinismus schloß nicht aus, daß der ‚Führer', „um deutsche Rechtsansprüche zu begründen ..., bis zur Völkerwanderung zurückgreifen" wollte. Als bald darauf die Pläne für die Umsiedlung der Südtiroler auf die Krim vorangetrieben wurden, bemerkte Hitler während eines seiner „Tischgespräche", die Goten seien neben den Tataren „lebendige Beispiele dafür ..., daß die Krim in klimatischer und landschaftlicher Hinsicht für das Südtiroler Volkstum durchaus geeignet sei". Joseph Goebbels stimmte in seinem Tagebuch den Absichten des ‚Großen Kolonisators' begeistert zu: „Im Osten sieht der Führer überhaupt unser kommendes Indien. Das ist das Kolonialland, das wir besiedeln wollen. Hier müssen große Bauernhöfe für unsere Bauernsöhne und die Kapitulanten unserer Wehrmacht geschaffen werden. Dieses Land, das oft schon von den Germanen erobert und besiedelt wurde, soll nun als eigentliches Grenz-, aber auch Kernland dem Deutschen Reich eingefügt werden, und in drei, vier Generationen muß es als absolut deutsch angesehen werden können. Aus der Krim wird der Führer einen „Ostgotengau" machen mit bestem Menschenmaterial aus allen nordisch bestimmten Nationen". Zuvor schon hatte sich der Propagandaminister ausgemalt: „Die Krim wird später einmal großartiges Siedlungsland für uns. Sie soll als Gau in das Reichsgebiet eingegliedert werden unter dem Namen Ostgotengau. Hier soll bestes deutsches Menschenmaterial angesiedelt werden. Der Name „Ostgotengau" weist auf eine älteste germanische Tradition zurück, und es werden hier wieder die Stützpunkte für das Deutschtum in Besitz genommen, von denen das Germanentum ja eigentlich ausgegangen ist. Das stellt eine Perspektive von weltweitester geschichtlicher Bedeutung dar". Wehe, wenn ein Wissenschaftler wagte, „älteste germanische Tradition" in Frage zu stellen. Dann erteilte ihm Hitler Nachhilfeunterricht in Geschichte und sein treuer Schüler Dr. Goebbels schrieb die Lektion eilfertig nach: „Der Führer betont mit Recht, daß es in diesem Krieg hauptsächlich darauf ankommt, fruchtbare oder rohstoffreiche Erde zu gewinnen. Auch die alten Germanen hätten nicht, so bemerkt der Führer richtig, in den Wäldern gesessen, sondern sie hätten sich überall da angesiedelt, wo fruchtbare Erde sei. Eine gegenteilige Meinung werde nur von dummen und zum Teil idiotischen Geschichtsprofessoren vertreten".

Von der Völkerwanderung hatte sich Hitler bereits 1924 in „Mein Kampf" anregen lassen und gemeint, daß die Germanen, wie alle ‚Arier' seit urdenklichen Zeiten, immer auch als „Kulturbegründer" auftraten: „Arische Stämme unterwerfen – häufig in wahrhaft lächerlich geringer Volkszahl – fremde Völker und entwickeln nun, angeregt durch die besonderen Lebensverhältnisse des neuen Gebietes (Fruchtbarkeit, klimatische Zustände usw.) sowie begünstigt durch die Menge der zur Verfügung stehenden Hilfskräfte an Menschen niederer Art, ihre in ihnen schlummernden geistigen und organisatorischen Fähigkeiten". Zugleich warnte der Pseudohistoriker:

„Endlich aber vergehen sich die Eroberer gegen das am Anfang eingehaltene Prinzip der Reinhaltung ihres Blutes, beginnen sich mit den unterjochten Einwohnern zu vermischen und beenden damit ihr eigenes Dasein". Vollmundig kommentierte Alfred Rosenberg 1930 im „Mythus des 20. Jahrhunderts" Hitlers Warnung: „Große Teile des sich unbekümmert und kindlich verschwendenden nordischen Blutes ergaben sich den bestrickenden Verlockungen, wurden gar selbst zu Trägern halb erträumter altrömischer Herrlichkeit, zückten nur zu oft ihr Schwert über die ganze Welt im Dienste einer Phantasie, wurden an Stelle von Ahnherren, als welche sie geboren waren, zu bloßen Erben".

Zehn Jahre später, nach der Niederlage Frankreichs, rückten die Germanen allerdings wieder zu Ahnen auf, etwa als Heinrich Himmler davon phantasierte, in Burgund einen Musterstaat der SS zu errichten. 1941 erschien in „Das Schwarze Korps", der Hauszeitschrift der SS, ein Artikel, der dem „armen Burgund" der Gegenwart die „stolze germanische Vergangenheit" entgegenstellte und die Völkerwanderung als die große Bluttransfusion pries: „Germanisches Blut hatte sich einst durchgesetzt, ein Land zur höchsten Machtentfaltung und Blüte geführt, hat sich in der Fremde unter Fremden vertan, ist schließlich mit seiner eigenen Schöpfung verströmt und untergegangen. Wie die Goten und Vandalen waren die Burgunder rettende Blutauffrischung minderrassig gewordener Fremdvölker". Jetzt sollte sich die Geschichte mit mehr Erfolg wiederholen: „Und heute stehen in Burgund Deutsche wieder auf altem germanischen Boden, Soldaten eines neuen germanischen Zeitalters. Sie sehen die Reste und Trümmer einer verflossenen germanischen Kultur, deren Träger diejenigen waren, die gleichen Blutes waren, wie wir es sind ...".

Zu den wissenschaftlichen Vorarbeitern und geistigen Mittätern der nationalsozialistischen „Volkstumspolitik" in Frankreich und Belgien gehörten Historiker wie Franz Steinbach und Franz Petri, die aus archäologischen Funden und Ortsnamen zu belegen versuchten, es habe in der Völkerwanderungszeit eine breite germanische Siedlungsbewegung gegeben. Sie sei bis zur Loire vorgedrungen, weiter also, als die spätere romanisch-germanische Sprachgrenze vermuten lasse. Folglich sei auch das Frankenreich ein „germanischer Volksstaat" gewesen. In der von Karl Haushofer herausgegebenen „Zeitschrift für Geopolitik" erfand dazu ein Otto Muck im März 1940, wenige Wochen vor dem Frankreichfeldzug, eine Gesetzmäßigkeit, nach der „die Völkerwanderzeit und unsere Epoche sich zueinander verhalten wie Schwung und Rückschwung, Phase und Gegenphase".

Fern solcher nationalen Töne hatte der Belgier Henri Pirenne in seinem einflußreichen, 1936 postum veröffentlichten Werk „Mahomet et Charlemagne" nachgewiesen, daß die sozialen und wirtschaftlichen Verhältnisse einem germanischen Neuanfang widersprechen. Erst durch den Einbruch des Islam sei die alle Lebensbereiche umfassende antike Tradition abgeschnitten worden. Pirennes Landsmann Henri Grégoire faßte in einem Nachruf vom November 1935 die Kernthese des Freundes und Kollegen mit geradezu lyrischen Worten zusammen, und seine literarischen Anspielungen verband er mit einem vorwurfsvollen Blick nach Osten, kurz bevor Hitler das entmilitarisierte Rheinland besetzte und das Deutsche Reich wieder souveräner Nachbar Belgiens wurde: Was das Mittelalter, „unser Mittelalter", geleistet hat, verdankt sich nicht, wie man vor Pirenne glaubte, „den germanischen Invasionen des 4. und 5. Jahrhunderts (denn diese Barbarenwolke war nur ein kleines Wölkchen, das sich unter der Sonne der mediterranen Kultur rasch auflöste, und alsbald triumphierte Rom auf seinen eigenen Ruinen und assimilierte seine wilden Sieger)". In deutscher Übersetzung erschien Pirennes Buch 1940 mit dem Titel „Geburt des Abendlandes". Sein Untertitel „Untergang der Antike und Aufstieg des germanischen Mittelalters" trug der verbreiteten Auffassung Rechnung, daß der Aufstieg mit den Karolingern einsetzte, dem „Herrscherhaus aus dem germanischen Norden", wie Pirenne selbst zum Schluß gesagt hatte. Trotzdem erfuhr der Belgier in Deutschland scharfe Kritik, weil er die eigenständigen Leistungen in Frage stellte, die das germanische ‚Volk' während der Völkerwanderung vollbracht habe. Bei manchem Historiker sprach aus der Ablehnung Pirennes die Sorge, der nationalsozialistischen Volkstums- und Umsiedlungspolitik könne die geschichtliche Rechtfertigung entzogen werden.

In einer „Geheimrede", die Hitler am 10. November 1938 vor der deutschen Presse hielt und in der er unausgesprochen schon an den kommenden Krieg dachte, erinnerte er sich eines Mannes, der ihn einmal gewarnt hatte, seine Politik bedeute Deutschlands Untergang. Darauf habe er geantwortet: „Das deutsche Volk hat einst die Kriege mit den Römern überstanden. Das deutsche Volk hat die Völkerwanderung überstanden". Er fuhr fort, weitere Bedrängnisse aufzuzählen bis zum Ersten Weltkrieg und der Revolution von 1918, in denen Deutschland ebenfalls nicht untergegangen sei. Den zwingenden Schluß konnten die Zuhörer selbst ziehen: Deutschland werde auch den nächsten Krieg überstehen. Gegen Ende des Krieges aber dachte so mancher an das gotische Reich im Osten, an die Vandalen in Africa, die Ostgoten in Italien und die Westgoten in Spanien. Ihre Reiche waren im Kampf gegen die Hunnen, die Römer und die Araber untergegangen. Ein Unstern waltete offensichtlich über all diesen Germanen, die ein Reich zu gründen versucht hatten, und nun wiederholte sich die Geschichte der Vorfahren ein weiteres Mal.

1947 veröffentlichte der französische Althistoriker André Piganiol eine Geschichte der Spätantike, „L'empire chrétien (325–395)", die er 1944 geschrieben hatte. In deren letztem Kapitel, „Die Katastrophe" überschrieben, behandelte er die Völkerwanderung, meinte aber zugleich das Dritte Reich. Er begann: „Die Katastrophe trat in der Form der Barbareninvasionen ein". Im Präsens fuhr er fort: „Die Germanen bewohnen scheußliche Gegenden, wo sie es sich mit der Bestellung des undankbaren Bodens bequem machen. Sie ziehen den Krieg der regelmäßigen Arbeit vor und brechen in die Nachbarstaaten ein, *fame urgente*, vom Hunger getrieben. Weder der Einfluß Griechenlands noch der Roms vermochte es, sie nach so vielen Jahrhunderten zu zivilisieren ...". Neu war nichts von dem, was Piganiol sagte. Nur die Wortwahl verriet hier wie in den zwei schneidenden, knappen Schlußsätzen des Buches die Absicht des Verfassers: „Die römische Zivilisation ist keines natürlichen Todes gestorben. Sie ist ermordet worden". Die Germanen waren also die Mörder Roms, und im Zweiten Weltkrieg wollten sie die Mörder Frankreichs werden.

Die Aussöhnung zwischen Deutschland und Frankreich und die wachsende europäische Einigung halfen in der Folgezeit mit, daß unmittelbare politische Absichten aus den Forschungen zur Völkerwanderung wie zu anderen Epochen vielleicht nicht immer völlig verschwanden, aber doch auf keine breitere Resonanz mehr stießen. Mochte mancher Historiker nach 1945 seine zeitbedingten früheren Auffassungen verteidigen – als aktuelles Argument hatte die Völkerwanderung ausgedient. Das ist die gute Seite der häufig beklagten Geschichtsvergessenheit in Deutschland.

Mir genügt, wenn der Leser mein Buch nach der Lektüre aus der Hand legt in dem Bewußtsein, seine Zeit nicht vertan zu haben. Denn jenseits aller wissenschaftlichen Methoden und pseudowissenschaftlichen Moden bestätigt er damit die eigentliche Rechtfertigung, sich mit Geschichte zu beschäftigen: Der Mensch will nicht nur wissen, was kommen wird, er will auch wissen, was gewesen ist.

Bibliographie

Manches, was in diesem Buch wegen des beschränkten Umfangs der Reihe nicht zur Sprache kam, bieten andere Bände derselben Reihe: H. Wolfram, Die Germanen 2001[5]; ders., Die Goten und ihre Geschichte 2001; R. Wolters, Die Römer in Germanien 2000; K. Christ, Die römische Kaiserzeit 2001; H. Brandt, Das Ende der Antike. Geschichte des spätrömischen Reiches 2001. Ein gutes Hilfsmittel für die germanische Vorgeschichte wie für die Folgezeit ist der dichtgeschriebene Forschungs- und Literaturbericht von W. Pohl, Die Germanen, Enzyklopädie Deutscher Geschichte 57, München 2000.

Eine knappe lesenswerte Darstellung der Völkerwanderung, die 1965 auf französisch und dann in englischer Übersetzung erschienen ist, bietet L. Musset, The Germanic Invasions. The Making of Europe AD 400–600, London 1975. Musset widmet den zweiten Teil den „Ungelösten Problemen und Aufgaben für die weitere Forschung". Eine umfassende neuere Behandlung, die auf gründlicher Auswertung der literarischen Überlieferung sowie der – hier nicht zu Wort gekommenen – archäologischen Zeugnisse und der romanischen Sprachgeschichte ruht, gibt es nicht. Ein breites älteres Werk, dem man allerdings den Zeitgeist anmerkt, ist L. Schmidt, Die Westgermanen 1–2, 1938; 1940; Nachdr. 1970; Die Ostgermanen, München 1941[2]; Nachdr. 1969; Geschichte der Wandalen, München 1942[2]. Welche Fortschritte die Forschung seit Schmidt gemacht hat, dokumentieren zusammenfassend zwei Werke, die jeweils den ersten Band einer Gesamtgeschichte Europas bzw. Deutschlands bilden: Th. Schieder (Hrsg.), Handbuch der Europäischen Geschichte: Th. Schieffer (Hrsg.), Bd. 1: Europa im Wandel von der Antike zum Mittelalter, Stuttgart 1996[4]; Siedler Deutsche Geschichte. Das Reich und die Deutschen: H. Wolfram, Das Reich und die Germanen. Zwischen Antike und Mittelalter, Berlin 1990; ein zentraler Aspekt bei Wolfram ist die Ethnogenese der germanischen Stämme, wozu er selbst wichtige Vorarbeiten geleistet hat. Auf der Archäologie liegt das Schwergewicht der jüngsten kürzeren Darstellung der Völkerwanderung: M. Mączyńska, Die Völkerwanderung. Geschichte einer ruhelosen Epoche, München-Zürich 1993; Nachdr. 1998.

Zum Römischen Reich und seiner Auseinandersetzung mit den Germanen, die auch in diesem Buch den roten Faden bildet: F. G. Maier, Die Verwandlung der Mittelmeerwelt, Fischers Weltgeschichte Bd. 9, 1999[13]; J. Martin, Spätantike und Völkerwanderung, Oldenbourg Grundriß der Geschichte 4, München 2001[4]; A. Demandt, Die Spätantike. Römische Geschichte von Diocletian bis Justinian 284–565 n. Chr., Handbuch der Altertumswissenschaft III.6, München 1999[2]; Sonderausgabe München 1998; Cambridge Ancient History XIII: The Late Empire A. D. 337–425, Cambridge 1998. Die Stimmen zum Niedergang Roms und die 210

Gründe, die im Verlauf von gut 2000 Jahren dafür verantwortlich gemacht wurden, hat A. Demandt gesammelt: Der Fall Roms. Die Auflösung des römischen Reiches im Urteil der Nachwelt, München 1984. Dazu eine Sammlung von Aufsätzen mit wissenschaftsgeschichtlicher Bedeutung: K. Christ (Hrsg.), Der Untergang des Römischen Reiches, Darmstadt 1970.

Zwei hilfreiche Arbeitsinstrumente zu Personen und Sachen, Geschichte und Archäologie der Völkerwanderung: Das in zweiter Auflage von H. Beck u. a. herausgegebene Reallexikon der Germanischen Altertumskunde (RGA), Berlin–New York 1973 ff, das mittlerweile bis zum Buchstaben L in Bd. 17 gekommen ist; hingewiesen sei auch auf die zahlreichen Ergänzungsbände zum RGA. Ferner: Lexikon des Mittelalters 1–9, Stuttgart 1977–1999; Sonderausgabe Stuttgart-Weimar 1999. Beide Lexika nennen zu jedem Stichwort weiterführende Literatur.

Zu den bedeutenden germanischen Stämmen liegen jüngere Monographien – häufig in Taschenbuch – vor, dazu Ausstellungskataloge, die mit historischen Einleitungen, oft auch mit einer Reihe von Spezialaufsätzen eröffnet werden und die das hier ebenfalls nicht behandelte germanische Kunsthandwerk der Völkerwanderungszeit präsentieren. Eine Auswahl jüngerer Titel:

Alamannen: D. Geuenich, Geschichte der Alemannen, Urban-Tb. 575, 1997; Die Alamannen, hrsg. vom Archäologischen Landesmuseum Baden-Württemberg, Stuttgart 1998[3].

Franken: E. Zöllner, Geschichte der Franken bis zur Mitte des sechsten Jahrhunderts, München 1970; E. Ewig, Die Merowinger und das Frankenreich, Urban-Tb. 392, 1988; R. Kaiser, Das römische Erbe und das Merowingerreich, Enzyklopädie Deutscher Geschichte 26, 1997; Die Franken, Wegbereiter Europas 2 Bde., Reiss-Museum Mannheim, Mainz 1996.

Goten: H. Wolfram, Die Goten. Von den Anfängen bis zur Mitte des sechsten Jahrhunderts, München 2001[4]: grundlegende Monographie; P. Scardigli, Die Goten. Sprache und Kultur, München 1973; D. Claude, Geschichte der Westgoten, Urban-Tb. 128, 1970; P. de Palol-G. Ripoll, Die Goten. Geschichte und Kunst in Westeuropa, Stuttgart 1990; Schätze der Ostgoten, Stuttgart 1995.

Hunnen: O. J. Maenchen-Helfen, Die Welt der Hunnen. Eine Analyse ihrer historischen Dimension, Wien-Köln-Graz 1978: weitgespanntes Standardwerk; G. Schramm, Ein Damm bricht. Die römische Donaugrenze und die Invasionen des 5.–7. Jahrhunderts im Lichte von Namen und Wörtern, München 1997; G. Wirth, Attila. Das Hunnenreich und Europa, Urban-Tb 467, 1999: mehr als nur eine Biographie.

Langobarden: J. Jarnut, Geschichte der Langobarden, Urban-Tb 339, 1982; W. Menghin, Die Langobarden. Archäologie und Geschichte, Stuttgart 1978; R. Busch (Hrsg.), Die Langobarden. Von der Unterelbe nach Italien, Neumünster 1988.

Vandalen: H.-J. Diesner, Vandalen, in: Paulys Realencyclopädie der classischen Altertumswissenschaft Bd. VIII A (1955), Sp. 298–335; Supplementbd. X (1965), Sp. 957–992; ders., Das Vandalenreich. Aufstieg und Untergang, Urban-Tb 95, 1966.

Zur Ethnogenese der Germanen: Das Fundament für die neuere Forschung hat R. Wenskus gelegt: Stammesbildung und Verfassung. Das Werden der frühmittelalterlichen gentes, Köln-Graz 1961. Köln-Wien 1977². Das Buch gab viele Impulse, vor allem auch zur Quellenkritik. Zwei resümierende Aufsätze: W. Pohl, Tradition, Ethnogenese und literarische Gestaltung: eine Zwischenbilanz, in: K. Brunner – B. Mesta (Hrsgg.), Ethnogenese und Überlieferung, Veröffentlichungen des Instituts für Österreichische Geschichtsforschung 31, 1994, 9–26; H. Wolfram, Typen der Ethnogenese. Ein Versuch, in: D. Geuenich (Hrsg.), Die Franken und die Alemannen bis zur „Schlacht bei Zülpich" (496/97), Ergänzungsbände zum RGA 19, Berlin–New York 1998, 608–627; ferner A. Demandt, Die Anfänge der Staatenbildung bei den Germanen, Historische Zeitschrift 230, 1980, 265–291. Zu den Verträgen zwischen Römern und Germanen: R. Schulz, Die Entwicklung des römischen Völkerrechts im vierten und fünften Jahrhundert n. Chr., Hermes-Einzelschriften 61, Stuttgart 1993.

Die neuen Forschungen zur Ethnogenese waren auch für das alte Thema der germanischen Landnahme förderlich. Mehrere Konferenzen beschäftigten sich damit und veröffentlichten die Ergebnisse: H. Wolfram – A. Schwarcz (Hrsgg.), Anerkennung und Integration. Zu den wirtschaftlichen Grundlagen der Völkerwanderungszeit 400–600. Denkschriften der Österreichischen Akademie der Wissenschaften, phil.-hist. Klasse 193, 1988; E. K. Chrysos – A. Schwarcz (Hrsgg.), Das Reich und die Barbaren, Veröffentlichungen des Instituts für Österreichische Geschichtsforschung 29, 1989; M. Müller-Wille – R. Schneider (Hrsgg.), Ausgewählte Probleme europäischer Landnahmen der Früh- und Hochmittelalters. Methodische Grundlagendiskussion zwischen Archäologie und Geschichte, Vorträge und Forschungen 41, 1993; W. Pohl (Hrsg.), Kingdoms of the Empire. The Integration of Barbarians in Late Antiquity, Leiden u. a. 1997.

Zwei Aufsatzsammlungen zur umstrittenen Grenze zwischen Altertum und Mittelalter, zu ihrer Chronologie und ihrem Charakter hat P. E. Hübinger herausgegeben: Kulturbruch oder Kulturkontinuität im Übergang von der Antike zum Mittelalter, Darmstadt 1968; Zur Frage der Periodengrenze zwischen Altertum und Mittelalter, Darmstadt 1969. Nicht die Grenze zwischen den beiden Epochen, sondern den Weg von der einen zur anderen in Religion, Gesellschaft und Kultur beschreibt F. Prinz, Von Konstantin zu Karl dem Großen. Entfaltung und Wandel Europas, Düsseldorf–Zürich 2000.

Zeittafel

Herr Dr. Stefan von der Lahr vom Verlag C.H.Beck hat mir vorgeschlagen, für die Reihe C.H.Beck Wissen diesen Band über die Völkerwanderung zu schreiben; meine Sekretärin Frau Edelgard Pfeiler hat das Manuskript ins reine geschrieben; meine Assistenten Herr Enno Coltzau und Herr Jörg Fündling M.A. haben Korrektur gelesen. Ihnen allen danke ich.

Register